從懷疑中覺醒

從《中觀根本論》談起

The Middle Way:

Faith Grounded in Reason

第十四世達賴喇嘛 著
圖登・錦巴（Thupten Jinpa）英譯
廖本聖 中譯

目次

第四章 建立世俗諦

第二部 探索宗喀巴的《聖道三要》

第一章 修習甚深

附錄

英譯者序

本書以達賴喇嘛尊者2004年在多倫多（Toronto）所給予的一系列重要佛教教法為基礎，對於大乘佛教的基本教法，如他們在西藏傳統所理解般，提出一個全面的解釋。本書當中的這個教法，可以分為兩個範圍較大的章節。第一個章節（編按：即本書第一部）是基於二世紀印度祖師龍樹（Nagarjuna）的《中觀根本論》（*Fundamental Stanzas on the Middle Way*；梵*Mulamadhyamakakarika*，即《中論》）當中三個重要篇章的解釋，提出佛教的覺悟之道。第二個章節（編按：即本書第二部）則是說明將佛道關鍵要素的理解付諸修行的方法，此章節是基於《聖道三要》（*Three Principal Aspects of the Path*），這是一部由偈頌寫成的清晰易懂的著作，原本是傑．宗喀巴（Jé Tsongkhapa, 1357-1419）寫給遠地一位學生的教誡信。這兩部重要的經典之作，雖然相隔大約一個千禧年又一半的時間（即將近1500年），卻完美地彼此互相補充。對於處在第三個千禧年初葉的精神追求者而言，敍述的內容甚至仍顯深奧的這兩本書，展示了它們所體現之洞察的普遍性和永久性。

就像在過去的許多場合一樣，我有幸擔任達賴喇嘛尊者在宣講這些教法時的口譯人員。從第一天開始，我便注意到這個特殊系列教法的獨一無二之處，不像其他許多場合，尊者在這裡是以特別有系統的方式來進行這些典籍。他這樣做，在某種程度上，是為了證實他經常重複的「西藏佛教直接延續了印度佛教傳統當中那爛陀寺的學院傳承」這段敍述是有根據的。在佛教從中印度消失之前，那爛陀是那裡最重要的佛教寺院，興盛時期從西元初直到十二世紀末為止。達賴喇嘛在多倫多的這一系列演講，是透過引用他自己所撰寫的〈吉祥那爛陀寺十七位大班智達祈願文〉(Praise to Seventeen Nalanda Masters) 作為開始。這是一篇向那些重要的那爛陀諸大師表達敬意的祈願文，他們的教法是西藏佛教傳統的核心。

今天，處在科技已達突飛猛進的階段，我們的內心不斷地被關注世俗的想法所盤據。在這樣的時代裡，追隨佛陀的我們，基於對其教法眞正的理解而獲得信心，這點非常重要。

我們應該以一種客觀、帶有好奇的批判心，從事謹愼的分析，並且尋找〔我們信仰背後的〕理由。然後，基於我們所見的這些理由，我們產生一個爲伴隨著智慧的信仰。

達賴喇嘛尊者所說的那爛陀傳統的中心面向，就是在強調趨入佛法不只是透過信仰和虔誠，還必須透過批判性的探究（質疑)。在許多那爛陀大師們的著作中，都強調這個以「智者的方式」(way of the intelligent person) 而為人所知的進路。以這樣的方式所引生的對於佛陀和其教法或佛法的信仰，是無可撼動的，而且是等級最高的信仰。因此，我們要如何著手去開發像這樣的一種無可撼動的信仰呢？達賴喇嘛尊者寫道：

通達事物本質二諦義，
四諦確定輪轉與還滅，

由量所引堅信三皈依，
奠定解脫道本祈加持！[1]
透過理解二諦（事物的存在方式），
我將確定我們如何經由四諦而於輪迴中流轉與還滅，
我將更堅定由理解（量，有效認知）
所引生的對於三寶的敬信，
惟願加持解脫道的根本能深植我心！

引自達賴喇嘛尊者的〈吉祥那爛陀寺十七位大班智達祈願文〉的這首偈頌，就某個意義而言，提供了本書第一個部分的架構，亦即透過注釋龍樹的《中論》來解釋佛道的關鍵要素。達賴喇嘛尊者先對龍樹有關十二緣起支的篇章（《中論》第26品）給予注釋，在這一品中，對因果作用如何把人們困在三有輪迴之中（的佛教見解）有詳細的陳述。位於這個十二支輪迴的根本是根本無明，它把我們自己本身和環繞在周圍的世界執為自性真實。

在這一品之後，接著是關於第18品的注釋，它陳述了龍樹對於佛陀有關「無我」（no-self；梵anatman），亦即「補特伽羅」（person，或「我」（I））和「補特伽羅的五種身心成分（五蘊）」（the five psychophysical components of the person）的無我性之教法的理解。依據龍樹觀點，這一品所陳述的有關空性的教法，就是一切事物的究竟存在模式。套用龍樹自己的話來說，這個空性就是「真如」（thatness；梵tathata）、「勝義」（the ultimate truth；梵paramartha）和「法性」（reality itself；梵dharmata）。

最後，在達賴喇嘛尊者關於龍樹的第24品的注釋中，他解釋龍樹有關空性的教法如何不是虛無論的一種形式，而實際上反倒是可以讓我們去解釋世俗關於真實的理解，只有這個「空性」的解釋才可以讓因果的運作站得住腳。達賴喇嘛解釋在龍樹的體系中，空性（究竟真理或勝義諦）和緣起（相對真理或世俗諦），是密不可分地糾纏（intertwined）在一起的。

達賴喇嘛尊者將清晰的描述和穿透的分析兩者交織在一起，並配合像聖提婆（Aryadeva，即聖天，大約二世紀）、月稱（Chandrakirti，七世紀）與宗喀巴（十四世紀至十五世紀初期）這樣權威注釋者的洞見，讓龍樹《中論》的偈頌顯示出他們對於存在本質的深刻洞見。在本書中，達賴喇嘛尊者從頭至尾未曾忘失這個觀點：「在終極的分析底下，空性的教法意味著與我們的個人經驗有關，並對我們周遭的世界帶來一個更深刻的理解。」就像龍樹所表達的，教導空性的目的，是要止息我們認為自己本身和一切現象這兩方面都有自性存在的執著，以便我們可以得到真正的解脫。

本書的第二個部分提出了將佛道的理解付諸實踐的方法。在此，尊者對於宗喀巴著名的《聖道三要》給予一個完美的解釋。「三要」（三個面向）是真正的出離心、利他的覺悟心和空性正見。基於批判性的思考空性、四聖諦和十二緣起支的教法，而對佛道培養出一種確實的理解時，接著便可運用本書的第二個部分作為日常觀修的手冊。

在編輯本書的錄音文字稿時，得以重新拜讀這個獨一無二的系列教法，讓我感到十分享受。有許多人協助，讓這部著作得以問世。首先，我要向總是以佛教智慧與悲心之泉源而自居的尊者本身，表達深深的謝意。我要感謝「西藏加拿大安大略協會」(Tibetan Canadian Association of Ontario),特別是主席諾布·策凌(Norbu Tsering),感謝他在多倫多籌備2004年的時輪灌頂(Kalachakra initiation),讓尊者有機會講述本書教法。感謝琳那·德·優力歐(Lyna de Julio)和琳達·梅樂(Linda Merle)協助輸入部分教法的錄音文字稿,以及拉卓(Lhakdor)法師和他在達蘭薩拉(Dharamsala)「達賴喇嘛尊者的中心檔案」(Central Archives of His Holiness the Dalai Lama)的團隊,提供尊者教法的藏語錄音文字稿,這在修訂並編輯我自己的口譯方面,幫助極大。最後,我感謝智慧出版社(Wisdom Publications)的編輯大衛·齊特斯仲(David Kittelstrom)所作的無價協助,他讓本書的語言清晰易懂且可讀性更高。願我們的努力,透過達賴喇嘛尊者激勵人心的話語,使偉大的佛教大師龍樹的智慧,成為許多尋求覺悟之道者心中洞見與激勵的來源。

圖登·錦巴(Thupten Jinpa)
蒙特婁,2009年

前言

悲心的力量

許多世紀以前，人類就已經瞭解到駕馭思考能力（智力）的重要性，並從那當中逐漸形成書寫，而最終形成正式的教育。在當代，說教育極其重要雖然已經是老生常談，但是這提醒我們教育還有更大的目的，這點是很重要的。畢竟，所累積的知識如果並不能讓我們的生活過得更幸福，那還有什麼意義可言？

我們應該都遇過一些雖受過高等教育卻不快樂的人，教育或許會為他們帶來更具批判性的思考能力與更大的期待，但是他們在實現所有那些期待時，卻遭遇到困難，因而導致焦慮和挫折。很顯然地，光是教育並不能保證生活幸福，我認為教育就像一個工具，一個我們可以運用在達到建設性目標或是破壞性目標上的工具。

你們或許會認為教育的目標，僅僅是在使一個人增加其財富、財產和權力的能力。但是，這些能力就像光是知識本身並不足以讓我們快樂一樣，光是物質或權力，也無法讓我們克服憂愁和挫折。在我們內心當中，創造幸福生活還必須要有其他因素做為基礎，也就是可以讓我們有效處理生命難關的某種事物。

我經常把自己描述為一位簡樸的佛教比丘，而我自己所受的正規教育並不是那麼廣泛。我知道一些有關佛教的哲學和典籍，但是在我早期的學習歲月裡，我是一個相當懶惰的學生，因此即使在那個領域中，我的知識還是很有限。不僅如此，我在數學、世界歷史或地理等這些領域的學習幾近於零。除此之外，身為一個年輕人，我過著相當舒適的生活，雖然不是百萬富翁，但我的生活仍然是相當舒適的。因此，當中共入侵，而我必須逃離土生土長的地方時，我只有佛教教法方面的一些有限知識，而且沒有什麼處理問題的經驗，一個重大的擔子和責任突然落在我身上，而我所學習的東西要接受考驗。在那段歲月裡，我最可以信賴的朋友就是自己內在的悲心特質。

悲心帶來內在的力量，而且悲心也帶來真理。透過真理，你沒有東西需要隱藏，而且不必仰賴別人的看法。這會帶來一種自信，帶著這種自信，你可以處理任何問題而不會失去希望或決心。基於我自己的經驗，我可以說，當你的生命遇到難關，而你正面對一大堆問題時，假如你維持決心並保持努力，那麼障礙或問題會變得真的非常有幫助，因為它們會擴展並深化你的經驗。因此，我認為悲心是最珍貴的事物。

什麼是悲心呢？悲心牽涉到一種與他人親近的感受，它不是基於他人對我們的態度，而是一種尊重與慈愛的感受。我們通常傾向於喜愛那些對我們重要的人，但是這種親近的感受卻無法擴及到我們的敵人——那些對我們心懷惡意的人。另一方面而言，真正的悲心是看見他人就像我們一樣，都想要安樂與成功的生活，而不想要受苦。這類的感受與關注可以同樣被擴充至朋友和敵人身上，而跟他們給我們的感受無關。這就是真正的悲心。

一般的愛帶有偏見且混雜著貪愛，貪愛就像其他擾人的情緒一樣，並非基於真實，而是基於內心的投射。它會誇大真實，或許其中確實有某種優點，但是貪愛會把它視為百分之百的美好。但悲心則更接近真實，兩者〔悲心和貪愛〕之間有巨大的差異。

其中的大問題是，我們能否培養這樣的悲心？基於我自己的經驗，這答案是肯定的。因為我們都具有悲心的種子作為人類存在的特有本質，所以〔培養悲心〕是可能的。同樣地，身為人類而要倖存下來，特別是在我們生命的最初幾年裡，完全要仰賴他人對自己的疼愛與悲憫。我們之所以能夠存活至今，純粹是因為在我們生命的初期，有母親或其他人的照料。假如她忽略我們甚至一兩天，我們便會死亡。身為人類，運用我們的智慧，我們可以把別人照料自己的這種感受，擴充並貫穿於整個生命當中。

必須有系統地培養並提升〔悲心〕這種自然不假造作的能力，今天比以前還要更迫切。現今由於人口、科技和現代的經濟，這個世界現在已深深地彼此連繫在一起，世界變得〔比以前要〕小多了。儘管政治、意識型態和在某些情況當中有所差異（例如宗教方面），但是世界各地的人們必須一起工作和生活，這是實情。因此，在國際的層次來說，悲心所扮演的角色是非常重要的。

每一天，媒體都會帶來流血和恐怖活動的新聞，這些事件如果沒有各種原因和條件是不會發生的。我們今天所面對的一些事件，我認為是根源於十八、十九和二十世紀為人們所忽略的一些行為。而很不幸地，還有某些人為了政治利益，而蓄意試圖增強慫恿人們相互報復的情況。什麼是面對這種暴力的最佳解決之道呢？我會主張，並不是透過更多的暴力與流血，因為根源於暴力的問題，是不能夠用暴力來解決的。

這是為什麼呢？首先，就暴力的本質而言，它是不可預料的。或許你的出發點是以某種「有限制的」（limited）暴力為目標，但是之後它會變得失去控制。其次，暴力傷害其他人，因此暴力會在其他人心中製造更多的憎恨，這又為未來的問題埋下種子，戰爭就好像是讓暴力合法化的一條出路。在古代，國與國之間相互依賴的程度較低，因此對於能消滅敵人的國家而言，可以視為勝利。但是今天，由於所有國家相互之間的深刻連繫，戰爭因此變得毫無效果，因為摧毀敵人，最終是在摧毀自己。

因此，當我們面臨衝突或利益分配不均時，解決它的最好的方法或甚至是唯一有效的方法，就是透過對話。你必須尊重其他人的利益和需求，並且找出妥協的方案，因為假如你忽視其他人的利益，最終你自己本身將會受苦。你必須照顧他人的利益。

我時常告訴聽眾，二十世紀是一個暴力的世紀，而透過那個經驗，我們現在知道暴力不能解決問題。解決它們的唯一方法，就是採取和平的解決方式，因此，二十一世紀應該是對話的世紀。對於那種情況，我們需要決心、耐心和一個更寬廣的視野。這是悲心再一次具有重要角色之處。首先，正如我提過的，悲心帶給我們自信，也帶給我們對於他人權利的深刻辨識。悲心也給我們一個平靜的心，而藉著平靜的心，我們可以把實相看得更清楚。當我們的心被煩惱情緒所主宰時，便無法看見實相，而且會做出糟糕的決定，悲心給我們一個更全面的見解。

我尊重世界的政治領袖，但是有時我認為他們應該更有悲心。縱使這些政治領袖當中只有一位培養更多的悲心，那麼數百萬計的無辜人民就能得到更多的平靜。許多年前，在印度一個官方的集會上，我遇到一位來自印度東孟加拉州的政治人物。這個會議包括道德和心靈方面的議題，而他說：「身為一個政治人物，關於那些事物我瞭解得不太多。」他或許只是謙虛，但是我溫和地責怪他。「政治人物需要更多的道德、更多心靈」，我說。假如一位宗教的修行者在一個窮鄉僻壤做了某件有害的事情，應該不會對全球造成太大的影響。但是當這些領袖和政治人物不去留意〔道德與心靈〕，而且沒有悲憫心，那就會非常危險了。

我相信悲心並不是宗教的事物。有些人認為悲心和寬恕是宗教的領域，而且假如人們對於宗教有負面的看法，那他們對於這些事物（悲心和寬恕）的態度或許也會變得負面。但那是錯誤的。我們接受宗教與否，端視我們個人而定，但是只要人類居住在這個世界，這些較深邃的價值便至關重要，而且不應被忽視。每個人都盡自己的努力讓物質方面繁榮，這點很好，但是假如在這個同時，忽視了自己內在的世界和內在的價值，我們將不會快樂，我們必須結合物質的發展和內在人類價值的發展。為了有更幸福的生活、更幸福的社會，以及最終有更幸福的世界，我們必須開展尊重、慈愛和悲心的意識。我們需要這些內在的特質，這應該才是今天教育的終極目標。

關於本書

我不相信宗教就必須開展道德與善心，儘管如此，世界主要的宗教在經歷時間的洗禮之後，都已經發展出培養這種普世人類美德的許多有用的方法。雖然佛教在這方面不是唯一的〔一個宗教〕，但卻是我最熟悉的傳統，而且我也相信佛教傳統中包含一些獨特的要素，特別是關於無我或空性和心的本質的教法。因此，我在這本書中的部分目的，是要向你們提出有關整體佛教架構的一個令人滿意的理解。

我將先針對佛法提出一般性的介紹，而為了這樣做，我從龍樹的《中論》（一部總計包含二十七品的古典印度哲學著作）當中挑選三品。當我在解釋佛道的基本架構時，我將會把解釋的內容跟這三品的特定段落連繫在一起。在這個一般性的介紹之後，緊接著是以傑・宗喀巴的短篇韻文著作《聖道三要》，來解釋如何把這些教法付諸實踐。宗喀巴是西藏佛教當中格魯（Geluk）傳統的創始者。

那些自認為是佛教修行者的人，在講說或聽聞佛法時，都必須以清淨的動機來從事。老師必須確保自己並不是出自於博取尊敬、名聲或錢財上的回報，來傳授這個教法，必須純粹是以希望利益一切有情為動機。而聽聞者的動機，也必須不要被冀望成為一位大學者、名聲響亮或財物上的回報等所污染。更確切地說，你必須抱著將心轉向佛法，及成功的修行佛法，並讓修行成為證得解脫與佛的一切相智狀態之因的這種希求，來聆聽這些教法。

當〔說法者〕給予教法或〔聞法者〕聆聽教法時，我們如何確保自己動機的純正呢？有個方法是，在我們開始正行之前，透過念誦特定的祈願文。現在，一個教法要能真正成為佛教的教法，它必須取決於皈依佛、法、僧三寶的修習。而一個教法要成為大乘傳統或菩薩道的教法，則必須以發起菩提心（「為利眾生願成佛」的利他覺悟心）作為基礎。接著，透過念誦或思惟底下的偈頌，讓我們提醒自己以「皈依和發菩提心」這兩個修習，作為開始：

諸佛正法以及眾中尊，
直至菩提我趣向皈依；
以我修行施等六度資，
為利眾生願我成佛果。

當我在介紹佛法時，我總是歡迎非佛教徒前來聆聽，以便找到有利益的部分。假如在我的解釋當中，你們發現某些是有用的，那就把它們併入到你們的日常生活當中；而那些並不怎麼管用的部分，就請你完全把它們丟棄。但是，在我有關佛教哲學的解釋當中，將自然會出現許多不同的觀點，因為我所提出的佛教典籍，它當然會擁護佛教的觀點。在這種情況發生時，請不要覺得我正以某種方式在貶損你們的傳統。

當然，在歷史上，印度那爛陀大學問寺的那些偉大學者們本身已有過辯論，例如唯識（Mind Only；梵Chittamatra）學派支持者，會批評中觀（Middle Way；梵Madhyamaka）的立場是墮入斷滅邊（extreme of nihilism），而中觀學派的擁護者則批評唯識的立場是墮入於絕對邊（extreme of absolutism）。因此，就這方面來說，我要分享十八世紀的西藏祖師章嘉仁波切（Changkya Rinpoché, 1717-86）的心情，他寫道：

> 並不是我不尊重您；假如我有所冒犯，請原諒我。(1)

弘揚於西藏的佛教，是一個包羅萬象的傳統。它包含大乘與小乘傳統的所有教法的一切基本要素，除此之外，還包含了金剛乘的密續教法。從源頭語言（source language）的立場來說，西藏傳統雖涵蓋許多巴利語傳統的重要典籍，但主要仍是以梵文的印度傳統作為基礎。就其傳承的源頭來說，這個傳統最要感恩的是第一個千禧年期間，興盛於北印的那爛陀寺的那些大師們。例如，在西藏寺廟的學院所研讀的重要典籍，都是這些偉大那爛陀學者和成就者所撰寫的。我實際撰寫〈吉祥那爛陀寺十七位大班智達祈願文〉這樣一篇祈願文，向我們的傳統的源頭，以及我們西藏佛教徒受惠於他們的著作的這份恩情，表達感謝之意。這篇祈願文的完整文本列於本書的開始。在這篇祈願文的後記中，我寫道：

今天，處在科技已達突飛猛進的階段，我們的內心不斷地被關注在世俗的想法所盤據。在這樣的時代裡，追隨佛陀的我們，基於對其教法眞正的理解而獲得信心，這點非常重要。

出自於「佛教這些古老的教法，一直都是和我們息息相關而且是有價值的」這個信念，因此，我提出了這段話來介紹西藏的傳統。

祈願文

吉祥那爛陀寺

十七位大班智達祈願文

顯揚三信之日

༄། །དཔལ་ན་ལེནྡྲའི་པཎ་ཆེན་བཅུ་བདུན་གྱི་གསོལ་འདེབས་དད་གསུམ་གསལ་བྱེད་ཅེས་བྱ་བ་བཞུགས་སོ། །

【1】 །འགྲོ་ལ་ཕན་བཞེད་ཐུགས་རྗེས་རབ་བསྐྱུན་པའི།
།སྤངས་རྟོགས་སྐྱོབ་པ་མཆོག་བརྙེས་ལྷ་ཡི་ལྷ།
།རྟེན་འབྱུང་གཏམ་གྱིས་འགྲོ་རྣམས་འདྲེན་མཛད་པའི།
།ཐུབ་དབང་སྨྲ་བའི་ཉི་མར་མགོས་ཕྱག་འཚལ། ༡

【2】 །རྒྱལ་ཡུམ་དགོངས་དོན་མཐའ་བྲལ་དེ་ཉིད་དོན།
།རྟེན་འབྱུང་རིགས་ཚུལ་ཟབ་མོས་གསལ་མཁས་པ།
།རྒྱལ་བའི་ལུང་བཞིན་ཐེག་མཆོག་དབུ་མའི་སྲོལ།
།འབྱེད་མཛད་ཀླུ་སྒྲུབ་ཞབས་ལ་གསོལ་བ་འདེབས། ༢

【3】 །དེ་སྲས་ཐུ་བོ་མཁས་ཤིང་གྲུབ་པའི་མཆོག
།ཕྱི་ནང་གྲུབ་མཐའ་རྒྱ་མཚོའི་ཕ་མཐར་སོན།
།ཀླུ་སྒྲུབ་གཞུང་འཛིན་ཀུན་གྱི་གཙུག་ནོར་དཔལ།
།རྒྱལ་སྲས་འཕགས་པ་ལྷ་ལ་གསོལ་བ་འདེབས། ༣

【4】 །འཕགས་པའི་དགོངས་པ་རྟེན་འབྱུང་མཐར་ཐུག་དོན། །བདགས་ཡོད་མིང་རྐྱང་ཙམ་གྱི་ཟབ་མོའི་གནད། །གསལ་མཛད་གྲུབ་པ་མཆོག་གི་སར་གཤེགས་པ། །སངས་རྒྱས་བསྐྱངས་ཀྱི་ཞབས་ལ་གསོལ་བ་འདེབས། ༤

【5】 །བདེན་པའི་དངོས་པོ་སྐྱེ་སོགས་མཐའ་བཀག་ཅིང་། །ཚད་མ་མཐུན་སྣང་ཕྱི་དོན་བཞེད་པ་ཡི། །གྲུབ་མཐའི་སྲོལ་གཏོད་ཡོངས་རྫོགས་པཎྜི་ཏ། །སློབ་དཔོན་ལེགས་ལྡན་འབྱེད་ལ་གསོལ་བ་འདེབས། ༥

【6】 །རྟེན་འབྲེལ་རྐྱེན་ཉིད་འདི་པ་ཙམ་ཉིད་ཀྱིས། །མཐའ་གཉིས་སེལ་བའི་སྣང་སྟོང་དབུ་མའི་ཚུལ། །ཟབ་རྒྱས་འདོམས་མཁས་མདོ་སྔགས་ཡོངས་རྫོགས་ལམ། །རྒྱས་མཛད་ཟླ་བ་གྲགས་པར་གསོལ་བ་འདེབས། ༦

【7】 །ངོ་མཚར་རྨད་བྱུང་སྙིང་རྗེ་ཆེན་པོའི་ལམ། །ཟབ་དང་རྒྱ་ཆེའི་རིགས་ཚུལ་སྣ་མང་གིས། །སྐལ་བཟང་གདུལ་བྱའི་ཚོགས་ལ་སྟོན་མཁས་པ། །རྒྱལ་སྲས་ཞི་བ་ལྷ་ལ་གསོལ་བ་འདེབས། ༧

【8】 །གདུལ་བྱའི་ཁམས་བཞིན་གཉིས་སྟོང་དབུ་མའི་ལམ།

།གྲོལ་གཏོད་དབུ་ཚད་རིགས་ཚུལ་འབྱེད་མཁས་ཤིང་།

།ཁ་བའི་ལྗོངས་སུ་རྒྱལ་བསྟན་སྤེལ་མཛད་པ།

།མཁན་ཆེན་ཞི་བ་འཚོ་ལ་གསོལ་བ་འདེབས། ༨

【9】 །མཐའ་བྲལ་དབུ་མའི་ལྟ་དང་ཞི་ལྷག་ཟུང་།

།སྒོམ་རིམ་མདོ་རྒྱུད་བཞིན་དུ་ལེགས་བཀྲལ་ནས།

།གངས་ལྗོངས་རྒྱལ་བསྟན་འཁྲུལ་མེད་གསལ་མཛད་པ།

།པདྨའི་ངང་ཚུལ་ཞབས་ལ་གསོལ་བ་འདེབས། ༩

【10】 །བྱམས་པས་རྗེས་བཟུང་ཐེག་ཆེན་སྡེ་སྣོད་ཀུན།

།ལེགས་པར་སྤེལ་མཁས་རྒྱ་ཆེན་ལམ་སྟོན་ཞིང་།

།རྒྱལ་བའི་ལུང་བཞིན་རྣམ་རིག་ཤིང་རྟའི་སྲོལ།

།འབྱེད་མཛད་ཐོགས་མེད་ཞབས་ལ་གསོལ་བ་འདེབས། ༡༠

【11】 །ཆོས་མངོན་སྡེ་བདུན་གཉིས་སྟོང་སྲོལ་བཟུང་ནས།

།བྱེ་མདོ་རྣམ་རིག་གྲུབ་མཐའ་གསལ་མཛད་པ།

།ཀུན་མཁྱེན་གཉིས་པར་གྲགས་པའི་མཁས་པའི་མཆོག

།སློབ་དཔོན་དབྱིག་གཉེན་ཞབས་ལ་གསོལ་བ་འདེབས། ༡༡

【12】 །ཐུབ་པའི་གཞུང་ལུགས་དངོས་སྟོབས་རིགས་པ་ཡིས།

།སྟོན་ཕྱིར་ཚད་མའི་སྒོ་བརྒྱ་ལེགས་ཕྱེ་ནས།

།རྣམ་དཔྱོད་བློ་མིག་སྦྱིན་མཛད་ཚད་མ་པ།

།ཕྱོགས་ཀྱི་གླང་པོའི་ཞབས་ལ་གསོལ་བ་འདེབས། ༡༢

【13】 །ཕྱི་ནང་ཚད་མའི་གནད་ཀུན་ལེགས་དགོངས་ཤིང་།

།མདོ་སེམས་ཟབ་རྒྱས་ལམ་ཀུན་རིགས་ལམ་ནས།

།ངེས་སྐྱེར་རྨད་བྱུང་ཆོས་ཚུལ་འདོམས་མཁས་པའི།

།ཆོས་ཀྱི་གྲགས་པའི་ཞབས་ལ་གསོལ་བ་འདེབས། ༡༣

【14】 །ཐོགས་མེད་སྐུ་མཆེད་ལས་འོང་ཤེར་ཕྱིན་དོན།

།ཡོད་མེད་མཐའ་བྲལ་དབུ་མའི་སྲོལ་བཞིན་དུ།

།རྒྱན་གྱི་གཞུང་དོན་སྣང་བའི་སྒྲོན་མེ་སྦར།

།འཕགས་པ་གྲོལ་སྡེའི་ཞབས་ལ་གསོལ་བ་འདེབས། ༡༤

【15】 །ཡུམ་དོན་འབྱེད་ལ་རྒྱལ་བའི་ལུང་བསྟན་ཐོབ།

།མི་ཕམ་མགོན་པོའི་མན་ངག་ཇི་བཞིན་དུ།

།ཡུམ་གསུམ་ཤེར་ཕྱིན་གཞུང་མཆོག་གསལ་མཛད་པའི།

།སློབ་དཔོན་སེངྒེ་བཟང་པོར་གསོལ་བ་འདེབས། ༡༥

【16】 །འདུལ་བ་འབུམ་སྡེའི་དགོངས་དོན་ལེགས་བསྡུས་ནས།

།ཐམས་ཅད་ཡོད་སྨྲའི་ལུགས་བཞིན་སོ་སོར་ཐར།

།མ་ནོར་ལེགས་འདོམས་བསྟན་མཁས་མཆོག་གྱུར་པ།

།ཡོན་ཏན་འོད་ཀྱི་ཞབས་ལ་གསོལ་བ་འདེབས། ༡༦

【17】 །བསླབ་གསུམ་ཡོན་ཏན་ནོར་བུའི་མཛོད་ལ་དབང་།

།འདུལ་བསྟན་དྲི་མེད་རིང་དུ་སྤེལ་བའི་སླད།

།རྒྱ་ཆེན་གཞུང་དོན་ལེགས་བཀྲལ་འདུལ་འཛིན་མཆོག

།ཤཱཀྱ་འོད་ཀྱི་ཞབས་ལ་གསོལ་བ་འདེབས། ༡༧

【18】 །ཐུབ་གསུང་ཟབ་རྒྱས་བཀའ་སྒྲོལ་མ་ལུས་པ།

།སྐྱེས་བུ་གསུམ་གྱི་ལམ་དུ་འདོམས་མཛད་དེ།

།གངས་ལྗོངས་ཐུབ་བསྟན་སྤེལ་བའི་དྲིན་ཅན་རྗེ།

།ཇོ་བོ་ཨ་ཏི་ཤ་ལ་གསོལ་བ་འདེབས། ༡༨

【19】 །དེ་ལྟར་འཛམ་གླིང་རྒྱན་གྱུར་མཁས་པའི་ཕུལ།

།ངོ་མཚར་ལེགས་བཤད་འབྱུང་གནས་མཆོག་རྣམས་ལ།

།མི་ཕྱེད་དད་པའི་ཡིད་ཀྱིས་གསོལ་བཏབ་པས།

།བདག་རྒྱུད་སྨིན་ཅིང་གྲོལ་བར་བྱིན་གྱིས་རློབས། ༡༩

【20】 །གཞི་ཡི་གནས་ཚུལ་བདེན་གཉིས་དོན་ཤེས་པས།
།བདེན་བཞིས་འཁོར་བ་འཇུག་ལྡོག་ཇི་བཞིན་ངེས།
།ཚད་མས་དྲངས་པའི་སྐྱབས་གསུམ་དད་པ་བརྟན།
།ཐར་ལམ་རྩ་བ་ཚུགས་པར་བྱིན་གྱིས་རློབས། ༢༠

【21】 །སྡུག་ཀུན་ཉེར་ཞིའི་ཐར་པ་དོན་གཉེར་བའི།
།ངེས་འབྱུང་བློ་དང་འགྲོ་རྣམས་སྐྱོབ་འདོད་པའི།
།ཕྱོགས་མཐས་གཏུགས་པའི་སྙིང་རྗེའི་རྩ་བ་ཅན།
།བཅོས་མིན་བྱང་སེམས་འབྱོངས་པར་བྱིན་གྱིས་རློབས། ༢༡

【22】 །ཤིང་རྟ་ཆེན་པོའི་གཞུང་གི་དོན་རྣམས་ལ།
།ཐོས་བསམ་སྒོམ་པས་ཕ་རོལ་ཕྱིན་པ་དང་།
།རྡོ་རྗེ་ཐེག་པའི་ཟབ་གནད་ལམ་ཀུན་ལ།
།ངེས་པ་བདེ་བླག་རྙེད་པར་བྱིན་གྱིས་རློབས། ༢༢

【23】 །སྐྱེ་ཞིང་སྐྱེ་བར་བསླབ་གསུམ་ལྡན་པའི་རྟེན།
།ལེགས་ཐོབ་བཤད་དང་སྒྲུབ་པས་ལུང་རྟོགས་བསྟན།
།འཛིན་ཅིང་སྤེལ་ལ་ཤིང་རྟ་ཆེ་རྣམས་དང་།
།མཚུངས་པར་བསྟན་ལ་བྱ་བ་བྱེད་པར་ཤོག ༢༣

【24】 །འདུས་སྡེ་ཀུན་ཏུ་ཐོས་བསམ་བཤད་སྒྲུབ་ཀྱི།
།བྱ་བས་དུས་འདའ་ལོག་འཚོ་ཡོངས་སྤངས་པའི།
།དམ་པའི་མཁས་གྲུབ་རབ་ཏུ་འཕེལ་བ་ཡིས།
།འཛམ་གླིང་ས་ཆེན་རྟག་ཏུ་མཛེས་གྱུར་ཅིག ༢༤

【25】 །དེ་མཐུས་མདོ་སྔགས་ཡོངས་རྫོགས་ས་ལམ་བགྲོད།
།དོན་གཉིས་ལྷུན་གྲུབ་རྣམ་མཁྱེན་རྒྱལ་བ་ཡི།
།གོ་འཕང་མྱུར་བ་ཉིད་དུ་ཐོབ་གྱུར་ནས།
།ནམ་མཁའ་ཇི་སྲིད་འགྲོ་བའི་དོན་བྱེད་ཤོག། །། ༢༥

ཅེས་པ་འདི་བཞིན། སངས་རྒྱས་བཅོམ་ལྡན་འདས་ཀྱིས་ལེགས་པར་བསྟན་པའི་ཟབ་པ་དང་རྒྱ་ཆེ་བའི་ཆོས་ཚུལ་འདི་དག་ལ་རྒྱ་གར་འཕགས་པའི་ཡུལ་གྱི་མཁས་པའི་དབང་པོ་གོང་སྨོས་དེ་དག་གིས་རྣམ་དཔྱོད་ལྡན་པའི་སྐྱེས་བུའི་བློ་མིག་རྣམ་པར་འབྱེད་པའི་ལེགས་བཤད་རྨད་དུ་བྱུང་བ་ཇི་སྙེད་ཅིག་མཛད་དེ་མི་ལོ་ཉིས་སྟོང་ལྷ་བརྒྱ་ལྷ་བཅུར་ཉེ་བའི་དུས་ད་ལྟ་བར་ཐོས་བསམ་སྒོམ་པའི་གཞུང་དུ་ཉམས་པ་མེད་པར་གནས་ཡོད་པས་མཁས་པའི་དབང་པོ་དེ་དག་གི་བཀའ་དྲིན་རྗེས་སུ་དྲན་པ་དང་། མི་ཕྱེད་དད་པས་དེ་དག་གི་རྗེས་སུ་སློབ་པར་སྨོན་ཅིང་། དེང་དུས་འཛམ་གླིང་ཁྱོན་འདིར་ཚན་རིག་དང་། འཕྲུལ་ཆས་དངོས་པོ་ཡར་རྒྱས་ཚད་མཐོར་ཕྱིན་ཏེ་འདི་སྣང་འདུ་འཛིའི་རྣམ་གཡེང་འཕྲུག་ཆེའི་སྐབས་འདིར། རང་རེ་སངས་རྒྱས་ཀྱི་རྗེས་འཇུག་པ་རྣམས་སངས་རྒྱས་ཀྱི་ཆོས་ཚུལ་ལ་ཤེས་ནས་དད་པ་ཐོབ་པ་ཞིག་དགོས་གལ་ཤིན་ཏུ་ཆེ་བས་གཙོ་བོའི་བློས་ཐེ་ཚོམ་གྱི་སྒོ་ནས་ཞིབ་མོར་བརྟགས་ཤིང་དཔྱད་དེ་རྒྱུ་མཚན་འཚོལ་བ་དང་། རྒྱུ་མཚན་མཐོང་ནས་ཤེས་རབ་ཀྱི་གྲོགས་དང་བཅས་པའི་དད་པ་སྐྱེ་བ་ལ། ཡོངས་གྲགས་རྒྱན་དྲུག་མཆོག་གཉིས་དང་། སངས་རྒྱས་བསྐྱངས་དང་། འཕགས་པ་གྲོལ་སྡེ་ལ་སོགས་པའི་ཟབ་རྒྱས་ཀྱི་གཞུང་ཕྱུལ་དུ་ཕྱིན་པ་འདི་དག་མེད་མི་རུང་དུ་མཐོང་ནས་རྒྱན་དྲུག་མཆོག་གཉིས་ཀྱི་སྐུ་ཐང་བྲིས་སྲོལ་སྔར་ནས་ཡོད་མུས་ཐོག་ཟབ་རྒྱས་ཀྱི་བླ་བརྒྱུད་གཞན་དགུ་བསྣན་ཏེ་ནཱ་ལེནྡྲའི་པཎ་གྲུབ་བཅུ་བདུན་གྱི་བྲིས་སྐུ་གསར་བཞེངས་དང་འབྲེལ། མཁས་པའི་སྐྱེས་མཆོག་དེ་དག་ལ་སྙིང་ནས་གུས་པའི་གསོལ་འདེབས་འདི་འདྲ་ཞིག་འབྲི་འདུན་བྱུང་བ་དང་། དོན་གཉེར་ཅན་ཆོས་གྲོགས་འགའ་ཞིག་ནས་ཀྱང་སྐུལ་མ་བྱུང་བར་བརྟེན། དཔལ་ནཱ་ལེནྡྲའི་པཎ་ཆེན་བཅུ་བདུན་གྱི་གསོལ་འདེབས་དད་གསུམ་གསལ་བྱེད་ཅེས་པ་འདི་དག་མཁས་པའི་དབང་པོ་དེ་དག་གི་ལེགས་བཤད་ལ་བཅོས་མིན་ཡིད་ཆེས་ཀྱི་དད་པ་ཐོབ་ཅིང་། མཁས་པ་དེ་དག་གི་ལེགས་བཤད་སློབ་གཉེར་མཁན་གྱི་གྲལ་མཐར་འཁོད་པ། ཤཱཀྱའི་དགེ་སློང་བསྟན་འཛིན་རྒྱ་མཚོས། གནས་བརྟན་སྡེ་པའི་ལུགས་ཀྱི་སྟོན་པ་བདེ་བར་གཤེགས་ནས་ལོ་གྲངས་༢༥༤༥ བོད་རབ་བྱུང་བཅུ་བདུན་པའི་ལྕགས་སྦྲུལ་ཟླ་༡༡ ཚེས་༡ ཕྱི་ལོ་༢༠༠༡ ཟླ་༡༢ ཚེས་༡༥ ཉིན།

རྒྱ་གར་ཧི་མ་ཅལ་མངའ་སྡེའི་ཀང་ར་རྫོང་ཁོངས། རྡ་རམ་ས་ལ་ཐེག་ཆེན་ཆོས་གླིང་དུ་གྲུབ་པར་བགྱིས་པ་དགེ་བར་གྱུར་ཅིག། ||

吉祥那爛陀寺十七位大班智達祈願文：
顯揚三信之日[1]

（藏譯中）

【1】

悲心深植發願利眾生，
殊勝斷證度者尊中尊，
以緣起教說引導眾生，
說者之日能王我頂禮。

【2】

佛母密意離邊空性義，
擅以甚深緣起理顯揚，
如佛授記勝乘中觀軌，
創者龍樹足下誠啓請。

【3】

彼之首要弟子解行勝，
已達內外宗義海彼岸，
承傳龍樹論典勝頂嚴，
佛子聖者提婆我啓請。

吉祥那爛陀寺十七位大班智達祈願文：

顯揚三信之日[1]

（英譯中）

【1】

由大悲心所生，並且希求利益一切有情，

眾本尊當中的本尊，

您已經證得殊勝斷德與證德的救度者狀態，

而且您透過緣起的教說引導諸眾生，

猶如弘法者當中的太陽般的能仁王（able one）啊！

我向您頂禮。

【2】

龍樹（Nagarjuna）啊！我頂禮您的雙足，

您最擅於透過緣起正理，解釋遠離戲論的真如（空性），

即《佛母經》（*Mother of Conquerors*，即《般若波羅蜜多經》）

的心要。

在符合勝者的授記下，您開啟了中觀學派。

【3】

我頂禮您（龍樹）的上首弟子，

博學多聞的聖提婆（Aryadeva）菩薩！

他已經渡越了佛教和非佛教哲學（宗義）的大海，

而且他是龍樹論典承傳者當中的榮冠寶珠（頂上莊嚴）。

【4】

闡明聖意究竟緣生義，
施設而有唯名深要點，
已達殊勝成就之階位，
我以至誠啓請佛護足。

【5】

駁斥實有事物生等邊，
量共顯現許外境宗義，
創彼軌理圓滿班智達，
至誠啓請清辨阿闍黎。

【6】

藉由緣起即唯此緣性，
遮遣二邊現空中觀理，
善攝深廣經咒圓滿道，
廣弘大師月稱我啓請。

【7】

神奇稀有大悲心要道，
藉由多種深廣正理趣，
為諸有緣所化善宣說，
至誠啓請大佛子寂天。

【4】

我頂禮您，佛護（Buddhapalita）啊！
您已經達到殊勝成就的狀態，
而且清楚闡明聖者〔龍樹〕的密意，
即緣起的究竟義——唯由命名（施設），
以及唯以名稱而存在的甚深要點。

【5】

我頂禮您，清辨（Bhavaviveka）大師啊！
您是最極圓滿的班智達，您開創了這個哲學傳統：
否定主張實有事物產生等的極端（實有邊），
而主張〔立宗者和質詢者兩方面〕
共同證實的認識[2]與對境（外在的真實）。

【6】

我頂禮您，月稱（Chandrakirti）啊！
您宣揚一切經典和密續之道。
您非常擅於透過「唯此緣性」（mere conditionality）的緣起，
教導甚深和廣大這兩個層面的中觀之道，
即能遣除兩種極端的現（表象）空（實相）雙運（結合）。

【7】

我頂禮您，寂天（Shantideva）啊！
您擅長透過最極深廣的正因論式（lines of reasoning），為最有福份（最幸運）的精神修習團體，揭示殊勝、不可思議的悲心之道。

【8】

依化機開二空中道軌，
善析中觀因明正理趣，
廣弘勝者教法於雪域，
大親教師寂護誠啓請。

【9】

依經續釋離邊中觀見、
止觀雙運之修習次第，
無誤闡明佛教於雪域，
至誠啓請蓮華戒足下。

【10】

善巧弘揚一切大乘藏，
慈氏攝受宣説廣行道，
依佛聖教唯識大車軌，
創者無著足下誠啓請。

【11】

承傳七部對法二空軌，
顯婆沙經部唯識宗義，
第二遍智著稱勝智者，
啓請阿闍黎世親足下。

【8】

我頂禮您，大親教師（授戒師）寂護（Shantarakshita）啊！
您順應所教化弟子的意向，
開啟了〔能所或主客〕無二（二空）[3]的中觀傳統[4]。
您精通中觀和因明這兩方面的論理模式，
而且您宣揚勝者（佛陀）的教法於此雪域（西藏）當中。

【9】

我頂禮您的雙足，蓮華戒（Kamalashila）啊！
您依據經典和密續，善加解釋遠離戲論的中觀，
以及止觀雙運的修習次第，
毫無謬誤地闡明勝者的教法於雪域當中。

【10】

我頂禮您的雙足，無著（Asanga）啊！
您受到慈氏（彌勒）的認可，
極擅長於弘揚大乘的經藏，以及教導廣行道，
並且猶如勝者所授記一般，開創唯識宗的傳統。

【11】

我頂禮您的雙足，世親（Vasubandhu）大師啊！
您承傳七部對法論（阿毘達磨）與〔能所或主客〕無二之理，
同時又闡明毘婆沙宗、經部宗與唯識宗的宗義。
您是諸智者當中最優異的，並以「第二遍智」著稱。

【12】

為以事勢理宣能仁教，
善為開啓百扇量論門，
施予觀察慧眼立量者，
陳那祖師足下誠啓請。

【13】

善思內外量論之心要，
經部唯識一切深廣道，
理路決定攝稀有法理，
啓請善巧大師法稱足。

【14】

無著昆仲而來智度義，
依離有無二邊中觀軌，
點燃顯明莊嚴論義燈，
聖解脫軍足下誠啓請。

【15】

辨般若義得勝者授記，
如實依不敗怙主口訣，
明三佛母殊勝般若經，
阿闍黎師子賢我啓請。

【12】

我頂禮您的雙足，因明祖師陳那（Dignaga）啊！
您為了透過以實證為基礎的論理，來呈現佛陀的教規，
因此，開啟了因明（有效認知）的百種入門，
並且給予世人具有辨析能力的慧眼。

【13】

我頂禮您的雙足，法稱（Dharmakirti）啊！
您瞭解佛教和非佛教這兩類認識論的所有核心要點，
透過論理帶來對於經部宗和唯識宗的所有深觀和廣行道的確信，
您最擅長於教導殊勝的佛法。

【14】

我頂禮您的雙足，解脫軍（Vimuktisena）啊！
您點燃照亮《現觀莊嚴論》之義的明燈，
其中，您依據遠離有、無二邊的中觀見，
詳細闡明由無著及其兄弟（世親）所傳的般若波羅蜜多（智度）主題。

【15】

我頂禮您的雙足，師子賢（Haribhadra）啊！
您被勝者授記為詳細注釋佛母或般若波羅蜜多者，
您完美依據慈氏怙主的教授，
闡明殊勝的〔廣、中、略〕三佛母或般若波羅蜜多經。

【16】

善攝十萬部律典密意，
依循說一切有部教規，
無誤善傳宣說別解脫，
啓請殊勝智者德光足。

【17】

三學功德寶庫得自在，
為令無垢律教長久弘，
善釋廣大論義勝持律，
至誠啓請釋迦光足下。

【18】

能仁深廣經典之教軌，
無餘攝為三種士夫道，
雪域弘揚佛教具恩尊，
至誠啓請覺沃阿底峽。

【19】

如是贍洲莊嚴妙智者，
一切稀有善說勝來源，
我以不壞淨意啓請故，
成熟解脫自心祈加持！

【16】

我頂禮您的雙足，功德光（Gunaprabha）啊！
您最擅長於整合與教學，您善於攝取十萬部律典的密意，
依據說一切有部學派的傳統，
無誤地詳細解此別解脫戒。

【17】

我頂禮您的雙足，釋迦光（Shakyaprabha）啊！
您是最優秀的持律者，您對於〔戒、定、慧〕三學的寶藏已得自在。
為了長久弘揚無垢的律藏教法，
您善加解釋廣大〔律藏〕論典的意義。

【18】

我頂禮您，阿底峽（Atisha）大師啊！
您在三種能力的士夫道（三士道次第）的架構底下，
教導與佛的至言（佛經）相關的一切甚深與廣大的傳統，
您是把佛陀教法弘揚於雪域，〔對於西藏人民〕最有恩德的大師。

【19】

如上那樣讚美這個世間最博學的莊嚴者，
以及稀有與具深刻洞見之教法的殊勝來源，
透過不動搖與清淨的心，願我受到加持，
而讓我的心轉為成熟並獲得解脫。

【20】

通達事物本質二諦義，
四諦確定輪轉與還滅，
由量所引堅信三皈依，
奠定解脫道本祈加持！

【21】

止息眾苦求脫出離心；
欲度眾生遍及十方際，
悲心為本無作菩提心；
心中熟習此二祈加持！

【22】

大開轍師論典諸要義，
聽聞思惟修習達究竟，
並於金剛乘諸深要道，
順利獲得確定祈加持！

【23】

世世願獲具三學身依，
解說修行傳弘教證法，
猶如開派諸師之行誼，
願我能行弘法利生業！

【20】

透過理解二諦（事物的存在方式），

我將確定我們如何經由四諦而於輪迴中流轉與還滅，

我將更堅定由理解（量，有效認知）所引生的對於三寶的敬信，

惟願加持解脫道的根本能深植我心！

【21】

願我受到加持，

去圓滿這兩種修習：

希求解脫的出離心——完全止息苦和苦因的切願；

以及無造作菩提心——根植於希望守護一切有情的無限悲心。

【22】

願我受到加持，

透過學習、思考和觀修大開轍師（the great trailblazers）們[5]的論典之義，而對於與波羅蜜多乘和金剛乘的甚深要點有關的一切道，可以容易地開發確信。

【23】

願我生生世世均能獲得作為三學基礎的殊勝人身，

透過從事於解說與觀修，

在承傳並弘揚教正法（the teaching of scripture）和證正法（the teaching of realization）兩方面，

對於教法所作的貢獻，就像那些大開轍師一般。

【24】

願於一切僧伽聚會處，
聞思解說修行以度日。
願斷邪命賢哲極增長，
恆常美化贍部洲大地！

【25】

願以此力迅證勝者位，
已達經咒圓滿之地道，
二利任運成就之遍智。
虛空久住恆作眾生利！

【24】

願所有精神團體的成員（僧伽），
以學習、思考和觀修來度過他們的時光。
隨著那些斷除邪命（錯誤的生活方式）的大師們的數量激增長，
願大地恆常受到美化。

【25】

透過他們的力量，
願我穿越經典和密續的一切道，
並證得以任運實現二利為特徵的勝者的一切相智。
願我如虛空久住般持續利益眾生。

後記

如上，關於世尊所教導的甚深與廣大的殊勝佛法，前述偈頌中提到聖地印度的這些偉大祖師們撰寫許多卓越的論典，開啟了許多有識之士的慧眼。這些著作〔在佛陀滅度後〕經過了將近2550年，依然歷久不衰，至今仍扮演著作為學習（聞）、思惟（思）與修習（修）的論典。因此，在憶念這些學有專精的大師們的同時，我生起毫無動搖的虔敬心，去追隨他們的步履。

今天，處在科技已達突飛猛進的階段，我們的內心不斷地被關注在世俗的想法所盤據。在這樣的時代裡，追隨佛陀的我們，基於對其教法真正的理解而獲得信心，這點非常重要。也就是說，我們應該以帶有好奇、懷疑的客觀心態，去從事謹慎的分析並尋找理由。

然後，基於所見的這些理由而引生由智慧所伴隨的信心。對此，由例如眾所皆知的「六莊嚴」、「二勝」[(6)]，以及佛護、解脫軍（Vimuktisena）等等這些大師們，所撰寫關於〔道的〕甚深和廣大層面的卓越論典，依然是不可或缺的。在過去，甚至還有把「六莊嚴」、「二勝」這些大師們畫在唐卡卷軸畫上的傳統。在這些原有的八位大師之上，我另外加了跟甚深與廣大兩層面的「道」有關的九位傳承祖師，委託製作一幅與吉祥那爛陀寺十七位大班智達有關的唐卡畫。

為了結合這幅畫作，我想要撰寫一部祈願文，向這些學有專精的優秀人物，表達我誠摯的敬意。除此之外，有些對此感興趣的朋友與精神同道，也鼓勵我撰寫這樣的祈願文。因此，這部題名為「顯揚三信之日」（Sun Illuminating the Threefold Faith），向吉祥那爛陀寺十七位大班智達祈求的著作，是由已經在這些大師們的卓越著作中發現毫無造作的信心，並在研讀這些卓越著作的學習者當中，敬陪末座的佛教比丘丹增．嘉措（Tenzin Gyatso）所撰寫。

這部著作是在依據上座部（Theravada）體系的佛陀般涅槃之後第2548年，藏曆的第十七勝生周（Rabjung cycle，亦即十二「生肖」。乘以五行，相當於一甲子或六十年）的鐵蛇年十一月初一，亦即西元2001年12月15日，於印度的喜馬偕爾．普拉得許邦（Himachal Pradesh）、岡嘎惹（Kangara）地區的達蘭薩拉（Dharamsala）的特千．卻林寺（Thekchen Choeling）撰寫完成。

願造論功德皆轉為善行！

第一部

探索龍樹的《中觀根本論》

《中觀根本論》第26品〈觀察十二有支品〉
《中觀根本論》第18品〈觀察我與法品〉
《中觀根本論》第24品〈觀察聖諦品〉
龍樹菩薩 撰

《中觀根本論》第26品

〈觀察十二有支品〉

【1】

མ་རིག་བསྒྲིབས་པས་ཡང་སྲིད་ཕྱིར། །འདུ་བྱེད་རྣམ་པ་གསུམ་པོ་དག

།མངོན་པར་འདུ་བྱེད་གང་ཡིན་པའི། །ལས་དེ་དག་གིས་འགྲོ་བར་འགྲོ།

【2】

འདུ་བྱེད་རྐྱེན་ཅན་རྣམ་པར་ཤེས། །འགྲོ་བ་རྣམས་སུ་འཇུག་པར་འགྱུར།

།རྣམ་པར་ཤེས་པ་ཞུགས་གྱུར་ན། །མིང་དང་གཟུགས་ནི་ཆགས་པར་འགྱུར། །

【3】

མིང་དང་གཟུགས་ནི་ཆགས་གྱུར་ན། །སྐྱེ་མཆེད་དྲུག་ནི་འབྱུང་བར་འགྱུར།

།སྐྱེ་མཆེད་དྲུག་ལ་བརྟེན་ནས་ནི། །རེག་པ་ཡང་དག་འབྱུང་བར་འགྱུར། །

【4】

མིང་དང་གཟུགས་དང་དྲན་བྱེད་ལ། །བརྟེན་ནས་སྐྱེ་བ་ཁོ་ན་སྟེ།

།དེ་ལྟར་མིང་དང་གཟུགས་བརྟེན་ནས། །རྣམ་པར་ཤེས་པ་སྐྱེ་བར་འགྱུར། །

【5】

ལས་དང་ཉོན་མོངས་ཟད་པས་ཐར། །ལས་དང་ཉོན་མོངས་རྣམ་རྟོག་ལས།

།དེ་དག་སྤྲོས་ལས་སྤྲོས་པ་ནི། །སྟོང་པ་ཉིད་ཀྱིས་འགག་པར་འགྱུར། །

【6】

བདག་གོ་ཞེས་ཀྱང་བཏགས་གྱུར་ཅིང་། །བདག་མེད་ཅེས་ཀྱང་བསྟན་པར་གྱུར།

།སངས་རྒྱས་རྣམས་ཀྱིས་བདག་དང་ནི། །བདག་མེད་འགའ་མེད་ཅེས་ཀྱང་བསྟན། །

【7】

བརྗོད་པར་བྱ་བ་ལྡོག་པ་སྟེ། །སེམས་ཀྱི་སྤྱོད་ཡུལ་ལྡོག་པས་སོ།

།མ་སྐྱེས་པ་དང་མ་འགགས་པ། །ཆོས་ཉིད་མྱ་ངན་འདས་དང་མཚུངས། །

【8】

ཐམས་ཅད་ཡང་དག་ཡང་དག་མིན། །ཡང་དག་ཡང་དག་མ་ཡིན་ཉིད།

།ཡང་དག་མིན་མིན་ཡང་དག་མིན། །དེ་ནི་སངས་རྒྱས་རྗེས་བསྟན་པའོ། །

【9】

གཞན་ལས་ཤེས་མིན་ཞི་བ་དང་། །སྤྲོས་པ་རྣམས་ཀྱིས་མ་སྤྲོས་པ།

།རྣམ་རྟོག་མེད་དོན་ཐ་དད་མིན། །དེ་ནི་དེ་ཉིད་མཚན་ཉིད་དོ། །

【10】

འཁོར་བའི་རྒྱ་བ་འདུ་བྱེད་དེ། །དེ་ཕྱིར་མཁས་རྣམས་འདུ་མི་བྱེད།

།དེ་ཕྱིར་མི་མཁས་བྱེད་པོ་ཡིན། །མཁས་པས་དེ་ཉིད་མཐོང་ཕྱིར་རོ། །

【11】

མ་རིག་འགགས་པར་གྱུར་ན་ནི། །འདུ་བྱེད་རྣམས་ཀུན་འབྱུང་མི་འགྱུར།

།མ་རིག་འགགས་པར་འགྱུར་བ་ནི། །ཤེས་པས་དེ་ཉིད་བསྒོམས་པས་སོ། །

【12】

དེ་དང་དེ་ནི་འགགས་གྱུར་པས། །དེ་དང་དེ་ནི་མངོན་མི་འབྱུང་།

།སྡུག་བསྔལ་ཕུང་པོ་འབའ་ཞིག་པོ། །དེ་ནི་དེ་ལྟར་ཡང་དག་འགག །

སྲིད་པའི་ཡན་ལག་བཅུ་གཉིས་བརྟག་པ་ཞེས་བྱ་བ་སྟེ་རབ་ཏུ་བྱེད་པ་ཉི་ཤུ་དྲུག་པའོ། །

《中觀根本論》第26品
〈觀察十二有支品〉

譯按：十二有支依序爲（一）無明；（二）行；（三）識；（四）名色；（五）六入；（六）觸；（七）受；（八）愛；（九）取；（十）有；（十一）生；（十二）老死。

（藏譯中）

【1】

無明[1]障故，為後有，透過身語意三門，
現前造作三種行[2]，由彼諸業趣諸趣[3]。

【2】

以行為緣而有識[4]，彼將進入於諸趣。[5]
若識已入於諸趣，名[6]色[7]二者[8]將形成。

【3】

名色二者若已成，則將產生六內處[9]。
依賴六種內處已，即將完全產生觸[10]。

【4】

識唯依賴眼[11]與色[12]，以及能憶[13]方能生，
亦即如是依名[14]色[15]，而後即將產生識。[16]

《中觀根本論》第26品

〈觀察十二有支品〉

譯按：十二有支依序爲（一）無明；（二）行；（三）識；（四）名色；（五）六入；（六）觸；（七）受；（八）愛；（九）取；（十）有；（十一）生；（十二）老死。

（英譯中）

【1】

由於「無明」的障蔽，以及為了投生，我們造作了三種行為；
也就是構成〔三有輪迴〕的這些行為，推動我們流轉諸趣。

【2】

以「行」作為緣，「認知」進入輪迴。
一旦「認知」已經進入，「名與色」則逐漸形成。

【3】

一旦「名色」完備時，「六入」便開始形成。
依賴「六入」，「觸」便開始形成。

【4】

「觸」唯有依賴眼根（根）、色處（境）和〔這一剎那的〕認知（識）才能產生；
因此，依賴名（前一剎那的認知）與色（眼根與色處）而產生〔這一剎那的〕認知。

【5】

眼根色處以及識，凡此三者聚集者，

彼即是觸。[17]由彼觸，將遍生起諸感受[18]。[19]

【6】

以受為緣有貪愛[20]，為感受故起貪愛，

貪愛起已將近取：四類行相近能取[21]。

【7】

若有近取將遍生：近取者之三有支[22]，

若無四類近取支，則將解脫不成有。[23]

【8】

而彼有支即五蘊，從三有支有生支[24]，

及老死支[25]與憂苦，及發哀號之痛苦。

【9】

意不樂[26]與諸擾亂，彼等由生[27]所出生，

如是即將產生此：純大痛苦蘊聚集。

【5】

眼根、色處和〔這一剎那的〕認知這三者的聚合，

就是「觸」。由「觸」而形成「受」。

【6】

以「受」為緣而有「愛」；人會產生「愛」，是因為有「受」。

而產生了「愛」之後，進一步會產生四種「取」。

【7】

凡有「取」，則執取者的「有」會全面形成。

假如沒有四種「取」，則將獲得解脫，而不會有「有」。

【8】

「有」也是五蘊，而從「有」出現「生」。

衰老、死亡，以及憂傷、悲哀、痛苦等等。

【9】

還有不快與煩亂，這些皆由「生」而來。

所要形成的，唯有純大苦聚（一堆痛苦）。

【10】

輪迴根本即行支，故諸智者不造行[28]，
故無智者是造者[29]，智者親見彼性[30]故。

【11】

無明設若已遮遣，將不遍起諸行支。
無明所以被遮遣，乃因認知修彼性[31]。

【12】

由已遮遣彼與彼，故彼與彼不現行，
彼純痛苦蘊聚集，即將如是遍遮遣。

【10】

輪迴三有的根本是「業行」。
因此，智者不會造作〔以無明為動機之〕「業行」，
而無智者則是造作〔以無明為動機之業行〕者；
而觀見真如的智者則不是〔造作以無明為動機之業行者〕。

【11】

當「無明」已息滅之時，「業行」將不會產生。
「無明」要透過洞悉並觀修真如，方能息滅。

【12】

透過息滅這個和那個（前前支分），
這個和那個（後後支分）便不會出現。
以這種方式，整個大苦聚便可以完全息滅。

《中觀根本論》第18品

〈觀察我與法品〉

【1】

གལ་ཏེ་ཕུང་པོ་བདག་ཡིན་ན། །སྐྱེ་དང་འཇིག་པ་ཅན་དུ་འགྱུར།

།གལ་ཏེ་ཕུང་པོ་རྣམས་ལས་གཞན། །ཕུང་པོའི་མཚན་ཉིད་མེད་པར་འགྱུར། །

【2】

བདག་ཉིད་ཡོད་པ་མ་ཡིན་ན། །བདག་གི་ཡོད་པར་ག་ལ་འགྱུར།

།བདག་དང་བདག་གི་ཞི་བའི་ཕྱིར། །ངར་འཛིན་ང་ཡིར་འཛིན་མེད་འགྱུར། །

【3】

ངར་འཛིན་ང་ཡིར་འཛིན་མེད་དང་། །དེ་ཡང་ཡོད་པ་མ་ཡིན་ཏེ།

།ངར་འཛིན་ང་ཡིར་འཛིན་མེད་པར། །གང་གིས་མཐོང་བས་མི་མཐོང་ངོ་། །

【4】

ནང་དང་ཕྱི་རོལ་ཉིད་དག་ལ། །བདག་དང་བདག་གི་སྙམ་ཟད་ན།

།ཉེ་བར་ལེན་པ་འགག་འགྱུར་ཞིང་། །དེ་ཟད་པས་ན་སྐྱེ་བ་ཟད། །

【5】

ལས་དང་ཉོན་མོངས་ཟད་པས་ཐར། །ལས་དང་ཉོན་མོངས་རྣམ་རྟོག་ལས།

།དེ་དག་སྤྲོས་ལས་སྤྲོས་པ་ནི། །སྟོང་པ་ཉིད་ཀྱིས་འགག་པར་འགྱུར། །

【6】

བདག་གོ་ཞེས་ཀྱང་བཏགས་གྱུར་ཅིང་། །བདག་མེད་ཅེས་ཀྱང་བསྟན་པར་གྱུར།

།སངས་རྒྱས་རྣམས་ཀྱིས་བདག་དང་ནི། །བདག་མེད་འགའ་མེད་ཅེས་ཀྱང་བསྟན། །

【7】

བརྗོད་པར་བྱ་བ་ལྡོག་པ་སྟེ། །སེམས་ཀྱི་སྤྱོད་ཡུལ་ལྡོག་པས་སོ།

།མ་སྐྱེས་པ་དང་མ་འགགས་པ། །ཆོས་ཉིད་མྱ་ངན་འདས་དང་མཚུངས། །

【8】

ཐམས་ཅད་ཡང་དག་ཡང་དག་མིན། །ཡང་དག་ཡང་དག་མ་ཡིན་ཉིད།

།ཡང་དག་མིན་མིན་ཡང་དག་མིན། །དེ་ནི་སངས་རྒྱས་རྗེས་བསྟན་པའོ། །

【9】

གཞན་ལས་ཤེས་མིན་ཞི་བ་དང་། །སྤྲོས་པ་རྣམས་ཀྱིས་མ་སྤྲོས་པ།

།རྣམ་རྟོག་མེད་དོན་ཐ་དད་མིན། །དེ་ནི་དེ་ཉིད་མཚན་ཉིད་དོ། །

【10】

གང་ལ་བརྟེན་ཏེ་གང་འབྱུང་བ། །དེ་ནི་རེ་ཞིག་དེ་ཉིད་མིན།

།དེ་ལས་གཞན་པའང་མ་ཡིན་ཕྱིར། །དེ་ཕྱིར་ཆད་མིན་རྟག་མ་ཡིན། །

【11】

སངས་རྒྱས་འཇིག་རྟེན་མགོན་རྣམས་ཀྱི། །བསྟན་པ་བདུད་རྩིར་གྱུར་པ་དེ།

།དོན་གཅིག་མ་ཡིན་ཐ་དད་མིན། །ཆད་པ་མ་ཡིན་རྟག་མ་ཡིན། །

【12】

རྫོགས་སངས་རྒྱས་རྣམས་མ་བྱུང་ཞིང་། །ཉན་ཐོས་རྣམས་ནི་ཟད་གྱུར་ཀྱང་།

།རང་སངས་རྒྱས་ཀྱི་ཡེ་ཤེས་ནི། །བརྟེན་པ་མེད་ལས་རབ་ཏུ་སྐྱེ། །

བདག་དང་ཆོས་བརྟག་པ་ཞེས་བྱ་བ་སྟེ་རབ་ཏུ་བྱེད་པ་བཅོ་བརྒྱད་པའོ། །

《中觀根本論》第18品

〈觀察我與法品〉

（藏譯中）

【1】

設若諸蘊[1]即是我，應成具有生滅者；[2]

設若我異於諸蘊，應無諸蘊之特性。[3]

【2】

設若非有我本身，豈會形成有我所[4]？[5]

息滅[6]我與我所故，[7]將無我執我所執。

【3】

凡無我執我所執，此外亦非有自性，[8]

由於我執我所執，觀無自性故不見。[9]

【4】

若於內外諸法上，盡除我與我所想[10]，

則將滅除諸近取[11]，由盡彼[12]故生[13]亦盡。

《中觀根本論》第18品

〈觀察我與法品〉

（英譯中）

【1】

假如「我」是諸蘊，那它將會有生有滅；

而假如它異於諸蘊，那它將不具有諸蘊的特質。

【2】

假如「我」本身不存在，那怎麼會有「我的」（我所）呢？

因為止息「我」與「我所」，因此，吾人不會去執著「我」與「我所」。

【3】

不執著「我」與「我所」的人，

則這個人也不〔以自性真實〕存在，

因為不執著「我」與「我所」的人，並不會意識到他〔自己為自性真實〕。

【4】

當有關內在與外在的「我」和「我所」的想法息滅時，

「取」的過程便停止；只要「取」停止，「生」便停止。

【5】

業惑[14]盡故得解脫，業惑來自妄分別[15]。

彼[16]由戲論[17]所衍生，戲論將由空性滅。

【6】

諸佛不僅安立我[18]，諸佛亦宣說無我[19]，

此外諸佛亦宣說：我與無我全然無[20]。

【7】

遮遣所應詮說者，由遣心之行境[21]故。

因為不生與不滅，法性等同涅槃故。[22]

【8】

一切是實[23]與非實[24]，以及既實又非實[25]，

以及非非實非實[26]，彼乃佛陀隨順說[27]。

【9】

非由他知[28]與寂靜[29]，非諸戲論所敷衍[30]，

無分別[31]且非異義[32]，彼即彼性[33]之定義。

【5】

當業和煩惱已經止息時，則有解脫。
業和煩惱來自於概念分別，
這些〔概念分別〕又來自於戲論；而透過空性，將止息戲論。

【6】

佛陀敘述「我」，而且也提出「無我」。
此外，佛陀也教導：既沒有「我」，也沒有「無我」。

【7】

語言表達之所以被遮除，是因為心的對境被遮除。
不生與不滅，就像涅槃一樣，這就是事物的法性。

【8】

每件事是真實的不是真實的，既是真實也是不真實，
既非真實也非不真實，這就是佛陀的教法。

【9】

不由他人得知、寂靜、非由內心戲論所虛構、
無分別、無法區分差異，此即真如的特質。

【10】

依賴於此[34]而生彼[35]，首先此[36]既非彼[37]性，[38]

亦非異於彼[39]性故，[40]是故非斷亦非常。[41]

【11】

已成佛陀世依怙，彼教當中甘露[42]者，

即非一義非異義，既非斷滅亦非常。

【12】

圓滿諸佛未出世，且諸聲聞已滅盡；

然而辟支佛聖智[43]，由無依[44]中善生起。[45]

【10】

凡是依賴其他事物才形成者，則它不會與該事物同一。
而因為它也不異於該事物，因此，它既不是斷滅，也不是恆常。

【11】

透過諸佛、世間的救度者，
「不一、不異、不斷與不常」的這個不朽的真理，
才得以被教導出來。

【12】

當圓滿覺悟者未出現於世，甚至那些聲聞行者也已經消失，
那些獨覺者的智慧，將在不依賴其他人的情況下，圓滿產生。

《中觀根本論》第24品

〈觀察聖諦品〉

【1】

གལ་ཏེ་འདི་དག་ཀུན་སྟོང་ན། །འབྱུང་བ་མེད་ཅིང་འཇིག་པ་མེད།

།འཕགས་པའི་བདེན་པ་བཞི་པོ་རྣམས། །ཁྱོད་ལ་མེད་པར་ཐལ་བར་འགྱུར། །

【2】

འཕགས་པའི་བདེན་པ་བཞི་མེད་པས། །ཡོངས་སུ་ཤེས་དང་སྤང་བ་དང་།

།བསྒོམ་དང་མངོན་དུ་བྱ་བ་དག །འཐད་པར་འགྱུར་བ་མ་ཡིན་ནོ། །

【3】

དེ་དག་ཡོད་པ་མ་ཡིན་པས། །འབྲས་བུ་བཞི་ཡང་ཡོད་མ་ཡིན།

།འབྲས་བུ་མེད་ན་འབྲས་གནས་མེད། །ཞུགས་པ་དག་ཀྱང་ཡོད་མ་ཡིན། །

【4】

གལ་ཏེ་སྐྱེས་བུ་གང་ཟག་བརྒྱད། །དེ་དག་མེད་ན་དགེ་འདུན་མེད།

།འཕགས་པའི་བདེན་རྣམས་མེད་པའི་ཕྱིར། །དམ་པའི་ཆོས་ཀྱང་ཡོད་མ་ཡིན། །

【5】

ཆོས་དང་དགེ་འདུན་ཡོད་མིན་ན། །སངས་རྒྱས་ཇི་ལྟར་ཡོད་པར་འགྱུར།

།དེ་སྐད་སྟོང་པ་ཉིད་སྨྲ་ན། །དཀོན་མཆོག་གསུམ་ལ་གནོད་པ་ནི། །

【6】

བྲེད་ཅིང་འབྲས་བུ་ཡོད་པ་དང་། །ཆོས་མ་ཡིན་དང་ཆོས་ཡིན་དང་།

།འཇིག་རྟེན་པ་ཡི་ཐ་སྙད་ནི། །ཀུན་ལའང་གནོད་པ་བྱེད་པ་ཡིན། །

【7】

དེ་ལ་བཤད་པ་ཁྱོད་ཀྱིས་ནི། །སྟོང་ཉིད་དགོས་དང་སྟོང་ཉིད་དང་།

།སྟོང་ཉིད་དོན་ནི་མ་རྟོགས་པས། །དེ་ཕྱིར་དེ་ལྟར་གནོད་པ་ཡིན། །

【8】

སངས་རྒྱས་རྣམས་ཀྱིས་ཆོས་བསྟན་པ། །བདེན་པ་གཉིས་ལ་ཡང་དག་བརྟེན།

།འཇིག་རྟེན་ཀུན་རྫོབ་བདེན་པ་དང་། །དམ་པའི་དོན་གྱི་བདེན་པའོ། །

【9】

གང་དག་བདེན་པ་དེ་གཉིས་ཀྱི། །རྣམ་དབྱེ་རྣམ་པར་མི་ཤེས་པ།

།དེ་དག་སངས་རྒྱས་བསྟན་པ་ནི། །ཟབ་མོའི་དེ་ཉིད་རྣམ་མི་ཤེས། །

【10】

ཐ་སྙད་ལ་ནི་མ་བརྟེན་པར། །དམ་པའི་དོན་ནི་བསྟན་མི་ནུས།

།དམ་པའི་དོན་ནི་མ་རྟོགས་པར། །མྱ་ངན་འདས་པ་ཐོབ་མི་འགྱུར། །

【11】

སྟོང་པ་ཉིད་ལ་བལྟ་ཉེས་ན། །ཤེས་རབ་ཆུང་རྣམས་ཕུང་བར་འགྱུར།

།ཇི་ལྟར་སྦྲུལ་ལ་བཟུང་ཉེས་དང་། །རིགས་སྔགས་ཉེས་པར་བསྒྲུབས་པ་བཞིན། །

【12】

དེ་ཕྱིར་ཞན་པས་ཆོས་འདི་ཡི། །གཏིང་རྟོགས་དཀའ་བར་མཁྱེན་གྱུར་ནས།

།ཐུབ་པའི་ཐུགས་ནི་ཆོས་བསྟན་ལས། །རབ་ཏུ་ལོག་པར་གྱུར་པ་ཡིན། །

【13】

སྐྱོན་དུ་ཐལ་བར་འགྱུར་བ་ནི། །སྟོང་ལ་འཐད་པ་མ་ཡིན་པས།

།ཁྱོད་ནི་སྟོང་ཉིད་སྤོང་བྱེད་པ། །གང་དེ་ང་ལ་མི་འཐད་དོ། །

【14】

གང་ལ་སྟོང་པ་ཉིད་རུང་བ། །དེ་ལ་ཐམས་ཅད་རུང་བར་འགྱུར།

།གང་ལ་སྟོང་ཉིད་མི་རུང་བ། །དེ་ལ་ཐམས་ཅད་མི་རུང་འགྱུར། །

【15】

ཁྱོད་ནི་རང་གི་སྐྱོན་རྣམས་ནི། །ང་ལ་ཡོངས་སུ་སྒྱུར་བྱེད་པ།

།རྟ་ལ་མངོན་པར་ཞོན་བཞིན་དུ། །རྟ་ཉིད་བརྗེད་པར་གྱུར་པ་བཞིན། །

【16】

གལ་ཏེ་དངོས་རྣམས་རང་བཞིན་ལས། །ཡོད་པར་རྗེས་སུ་ལྟ་བྱེད་ན།

།དེ་ལྟ་ཡིན་ན་དངོས་པོ་རྣམས། །རྒྱུ་རྐྱེན་མེད་པར་ཁྱོད་བལྟའོ། །

【17】

འབྲས་བུ་དང་ནི་རྒྱུ་ཉིད་དང་། །བྱེད་པ་པོ་དང་བྱེད་དང་བྱ།

།སྐྱེ་བ་དང་ནི་འགག་པ་དང་། །འབྲས་བུ་ལ་ཡང་གནོད་པ་བྱེད། །

【18】

རྟེན་ཅིང་འབྲེལ་བར་འབྱུང་བ་གང་། །དེ་ནི་སྟོང་པ་ཉིད་དུ་བཤད།

།དེ་ནི་བརྟེན་ནས་གདགས་པ་སྟེ། །དེ་ཉིད་དབུ་མའི་ལམ་ཡིན་ནོ། །

【19】

གང་ཕྱིར་རྟེན་འབྱུང་མ་ཡིན་པའི། །ཆོས་འགའའང་ཡོད་པ་མ་ཡིན་པ།

།དེ་ཕྱིར་སྟོང་པ་མ་ཡིན་པའི། །ཆོས་འགའའང་ཡོད་པ་མ་ཡིན་ནོ། །

【20】

གལ་ཏེ་འདི་ཀུན་མི་སྟོང་ན། །འབྱུང་བ་མེད་ཅིང་འཇིག་པ་མེད།

།འཕགས་པའི་བདེན་པ་བཞི་པོ་རྣམས། །ཁྱོད་ལ་མེད་པར་ཐལ་བར་འགྱུར། །

【21】

རྟེན་ཅིང་འབྲེལ་འབྱུང་མ་ཡིན་ན། །སྡུག་བསྔལ་ཡོད་པར་ག་ལ་འགྱུར།

།མི་རྟག་སྡུག་བསྔལ་གསུངས་པ་དེ། །རང་བཞིན་ཉིད་ལ་ཡོད་མ་ཡིན། །

【22】

རང་བཞིན་ལས་ནི་ཡོད་ཡིན་ན། །ཅི་ཞིག་ཀུན་ཏུ་འབྱུང་བར་འགྱུར།

།དེ་ཕྱིར་སྟོང་ཉིད་གནོད་བྱེད་ལ། །ཀུན་འབྱུང་ཡོད་པ་མ་ཡིན་ནོ། །

【23】

སྡུག་བསྔལ་རང་བཞིན་གྱིས་ཡོད་ལ། །འགོག་པ་ཡོད་པ་མ་ཡིན་ནོ།

།རང་བཞིན་གྱིས་ནི་ཡོངས་གནས་ཕྱིར། །འགོག་ལ་གནོད་པ་བྱེད་པ་ཡིན། །

【24】

ལམ་ལ་རང་བཞིན་ཡོད་ན་ནི། །བསྒོམ་པ་འཐད་པར་མི་འགྱུར་ཏེ།

།ཅི་སྟེ་ལམ་དེ་བསྒོམ་བྱ་ན། །ཁྱོད་ཀྱི་རང་བཞིན་ཡོད་མ་ཡིན། །

【25】

གང་ཚེ་སྡུག་བསྔལ་ཀུན་འབྱུང་དང་། །འགོག་པ་ཡོད་པ་མ་ཡིན་ན།

།ལམ་གྱིས་སྡུག་བསྔལ་འགོག་པ་ནི། །གང་ཞིག་འཐོབ་པར་འགྱུར་བར་འདོད། །

【26】

གལ་ཏེ་རང་བཞིན་ཉིད་ཀྱིས་ནི། །ཡོངས་སུ་ཤེས་པ་མ་ཡིན་ན།

།དེ་ནི་ཅི་ལྟར་ཡོངས་ཤེས་འགྱུར། །རང་བཞིན་གནས་པ་མ་ཡིན་ནམ། །

【27】

དེ་བཞིན་དུ་ནི་ཁྱོད་ཉིད་ཀྱི། །སྤང་དང་མངོན་དུ་བྱ་བ་དང་།

།བསྒོམ་དང་འབྲས་བུ་བཞི་དག་ཀྱང་། །ཡོངས་ཤེས་བཞིན་དུ་མི་རུང་ངོ་། །

【28】

རང་བཞིན་ཡོངས་སུ་འཛིན་པ་ཡིས། །འབྲས་བུ་རང་བཞིན་ཉིད་ཀྱིས་ནི།

།ཐོབ་པ་མིན་པ་གང་ཡིན་དེ། །ཅི་ལྟར་འཐོབ་པ་ནུས་པར་འགྱུར། །

【29】

འབྲས་བུ་མེད་ན་འབྲས་གནས་མེད། །ཞུགས་པ་དག་ཀྱང་ཡོད་མ་ཡིན།

།གལ་ཏེ་སྐྱེས་བུ་གང་ཟག་བརྒྱད། །དེ་དག་མེད་ན་དགེ་འདུན་མེད། །

【30】

འཕགས་པའི་བདེན་རྣམས་མེད་པའི་ཕྱིར། །དམ་པའི་ཆོས་ཀྱང་ཡོད་མ་ཡིན།

།ཆོས་དང་དགེ་འདུན་ཡོད་མིན་ན། །སངས་རྒྱས་ཅི་ལྟར་ཡོད་པར་འགྱུར། །

【31】

ཁྱོད་ཀྱི་སངས་རྒྱས་བྱང་ཆུབ་ལ། །མ་བརྟེན་པར་ཡང་ཐལ་བར་འགྱུར།

།ཁྱོད་ཀྱི་བྱང་ཆུབ་སངས་རྒྱས་ལ། །མ་བརྟེན་པར་ཡང་ཐལ་བར་འགྱུར། །

【32】

ཁྱོད་ནི་རང་བཞིན་ཉིད་ཀྱིས་ནི། །སངས་རྒྱས་མིན་པ་གང་ཡིན་དེས།

།བྱང་ཆུབ་སྤྱོད་ལ་བྱང་ཆུབ་ཕྱིར། །བསྐུལ་ཡང་བྱང་ཆུབ་འཐོབ་མི་འགྱུར། །

【33】

འགའ་ཡང་ཆོས་དང་ཆོས་མིན་པ། །ནམ་ཡང་བྱེད་པར་མི་འགྱུར་ཏེ།

།མི་སྟོང་པ་ལ་ཅི་ཞིག་བྱ། །རང་བཞིན་ལ་ནི་བྱ་བ་མེད། །

【34】

ཆོས་དང་ཆོས་མིན་མེད་པར་ཡང་། །འབྲས་བུ་ཁྱོད་ལ་ཡོད་པར་འགྱུར།

།ཆོས་དང་ཆོས་མིན་རྒྱུས་བྱུང་བའི། །འབྲས་བུ་ཁྱོད་ལ་ཡོད་མ་ཡིན། །

【35】

ཆོས་དང་ཆོས་མིན་རྒྱུས་བྱུང་བའི། །འབྲས་བུ་གལ་ཏེ་ཁྱོད་ལ་ཡོད།

།ཆོས་དང་ཆོས་མིན་ལས་བྱུང་བའི། །འབྲས་བུ་ཅི་ཕྱིར་སྟོང་མ་ཡིན། །

【36】

རྟེན་ཅིང་འབྲེལ་བར་འབྱུང་བ་ཡི། །སྟོང་པ་ཉིད་ལ་གནོད་བྱེད་གང་།

།འཇིག་རྟེན་པ་ཡི་ཐ་སྙད་ནི། །ཀུན་ལའང་གནོད་པ་བྱེད་པ་ཡིན། །

【37】

སྟོང་པ་ཉིད་ལ་གནོད་བྱེད་ན། །བྱ་བ་ཅི་ཡང་མེད་འགྱུར་ཞིང་།

།རྩོམ་པ་མེད་པའི་བྱ་བ་འགྱུར། །མི་བྱེད་པ་ཡང་བྱེད་པོར་འགྱུར། །

【38】

རང་བཞིན་ཡོད་ན་འགྲོ་བ་རྣམས། །མ་སྐྱེས་པ་དང་མ་འགགས་དང་།

།ཐེར་ཟུག་ཏུ་ནི་གནས་འགྱུར་ཞིང་། །གནས་སྐབས་སྣ་ཚོགས་བྲལ་བར་འགྱུར། །

【39】

གལ་ཏེ་སྟོང་པ་ཡོད་མིན་ན། །མ་ཐོབ་འཐོབ་པར་བྱ་བ་དང་།

།སྡུག་བསྔལ་མཐར་བྱེད་ལས་དང་ནི། །ཉོན་མོངས་ཐམས་ཅད་སྤོང་བའང་མེད། །

【40】

གང་གིས་རྟེན་ཅིང་འབྲེལ་བར་འབྱུང་། །མཐོང་བ་དེས་ནི་སྡུག་བསྔལ་དང་།

།ཀུན་འབྱུང་དང་ནི་འགོག་པ་དང་། །ལམ་ཉིད་དེ་དག་མཐོང་བ་ཡིན། །

འཕགས་པའི་བདེན་པ་བརྟག་པ་ཞེས་བྱ་བ་སྟེ་རབ་ཏུ་བྱེད་པ་ཉི་ཤུ་བཞི་པའོ།། །།

《中觀根本論》第24品

〈觀察聖諦品〉

（藏譯中）

外人[1]起諍：

【1】

若此等一切[2]皆空，無有生起且無滅，
聖者四種真諦理[3]，於汝[4]而言應成無。

【2】

由於無有四聖諦，完全了知[5]與應斷[6]，
應修[7]以及應現證[8]，彼等皆將不應理。

【3】

由於彼等[9]非有故，四種結果[10]亦非有，
無果[11]則無住果者[12]，諸向果者[13]亦非有。

【4】

設若四雙八輩者[14]，彼等[15]皆無僧伽[16]無，
由於無有諸聖諦，是故正法[17]亦非有。

《中觀根本論》第24品

〈觀察聖諦品〉

（英譯中）

外人[1]起諍：

【1】

假如這一切都是空的，既沒有產生，也沒有壞滅，

那對於你而言，四聖諦理應不存在。

【2】

假如四聖諦不存在，那麼，知〔苦〕、斷〔集〕、

證〔滅〕與修〔道〕，均將站不住腳。

【3】

假如這些事物不存在，那麼，四種結果也不會存在。

沒有這些結果，便沒有證得這些結果的人，

也沒有進入〔這些道〕的人。

【4】

假如這八類的人不存在，僧寶將不會存在；

而因為四聖諦不存在，因此，法寶也將不會存在。

【5】

設若法[18]與僧[19]非有，又將怎會有佛陀[20]？
若說空性之言論，則令三寶[21]遭損害。

【6】

法與非法有其果[22]，以及非法[23]與是法[24]，
世人所用之名言[25]，此等一切亦遭損。

論主[26]答辯：

【7】

對此解釋，汝[27]不解：空性目的[28]與空性[29]，
以及空性之義[30]故，是故如此自生惱。

【8】

諸佛正確依二諦，而為眾生說正法，
一依世間世俗諦[31]，一依殊勝義真諦[32]。

【9】

凡是不解彼二諦，彼此之間差別者，
彼等不解佛陀教，其中甚深心要義。

【5】

假如佛法和僧伽不存在，怎麼會有佛寶呢？
因此，假如你談論空性，這便是在毀損三寶。

【6】

這是在毀損一切事物，亦即〔毀損善行與惡行的〕果報的存在、善行（法）和惡行（非法）〔之間的區別〕，
〔一言以蔽之，就是在毀損〕世間所有的約定。

論主答辯：

【7】

以這些措辭來表達的你，並不瞭解空性的目的、空性本身，
以及空性的意義。因此，你被它傷害。

【8】

佛陀給予眾生的教法，純粹是基於二諦，
亦即世俗諦與勝義諦。

【9】

不瞭解二諦差別的那些人，
無法瞭解佛陀的甚深教義。

【10】

設若不依賴名言[33]，不能宣說殊勝義[34]。
設若不解殊勝義，則將無法證涅槃。

【11】

設若錯誤觀空性[35]，諸少慧者將受害，
猶如錯誤捉蛇者，以及誤修明咒者。

【12】

瞭知慧力羸弱者，難以徹底解此法，
是故能仁之內心，最初不欲說正法。

【13】

理應形成過失者[36]，於空性中非應理，[37]
故汝棄捨空性者，彼過於吾[38]不應理。[39]

【14】

凡是容許空性者[40]，於彼一切將得成；
凡是不容空性者[41]，於彼一切將不成。

【15】

汝將自身諸過失，完全轉嫁於吾[42]身，
猶如騎在馬背上，然卻遺忘該馬般。[43]

【10】

如果沒有世俗諦作為基礎，便無法教導勝義諦。
不瞭解勝義諦，則無法證得涅槃。

【11】

沒有智慧的人，會被錯解空性見所摧毀，
就像不當地捕蛇或不正確地施放咒語一樣。

【12】

〔佛陀〕如此地瞭解到這個教法的深度難以洞察，
因此，佛陀的想法從教導這個〔深奧的〕佛法中轉身。

【13】

你所提出的反對是謬誤的，因為它們跟空性無關。
你從捨棄空性當中所提出的反駁，並不適用於我。

【14】

誰認為空性站得住腳，對他而言，一切事物均變得站得住腳。
誰認為空性站不住腳，對他而言，一切事物均變得站不住腳。

【15】

當你把自己的所有過失都丟在我身上時，
你就像是一個騎在馬上，卻忘了自己的馬在哪裡的人一樣。

【16】

設若隨觀諸事物，彼等是由自性有，

設若如此汝將觀：諸事物為無因緣。

【17】

結果及其因緣性，作者[44]作用[45]與所作[46]，

出生壞滅及果報，彼等亦會遭損害。

【18】

凡依因緣而起[47]者，將彼解釋為空性，

彼[48]是依而安立者[49]，彼性[50]即是中觀道[51]。

【19】

非依因緣而起法，無論如何亦非有，

是故不是空性法，無論如何亦非有。

【20】

若此一切皆不空[52]，無有生起且無滅，

聖者四種真諦理[53]，於汝而言理應無。

【21】

若無依因待緣生，豈會存在諸痛苦[54]？

佛說無常即是苦[55]，彼[56]於自性中非有。

【16】

假如你以固有的本質（自性）來看待一切事物的存在，
那麼，你就是視這些事物不具有種種的因和緣。

【17】

所有的「果」和它們的「因」；作者、行為和行為的對象；
產生和壞滅；所有這些也將被你破壞殆盡。

【18】

凡是依賴而生（緣起）者，就可以把它解釋為空性。
身為緣起者，它本身就是中道（中觀之道）。

【19】

不是依賴而生者，這樣的事物並不存在。
因此，不是〔自性〕空者，這樣的事物並不存在。

【20】

假如這一切不是空的話，既沒有生也沒有滅，
那麼，對於你（實在論者）而言，四聖諦理應不存在。

【21】

假如一切事物不是緣起，那麼，苦要如何形成？
經中教導苦就是無常，因此，苦怎能由它固有的本質而存在呢？

【22】

若苦是由自性有，何者[57]將被遍生起？

故於損壞空性者[58]，非有遍生苦諦者[59]。

【23】

苦諦若以自性有，其中非有苦寂滅[60]。

因以自性遍安住，是故能令寂滅[61]損。

【24】

於道[62]設若有自性，修習[63]不應成合理，

設若彼道[64]是所修，汝道應非有自性。

【25】

設若非有苦[65]與集[66]，及息苦集之寂滅[67]，

有誰會許將證得：由道[68]滅苦之寂滅[69]。

【26】

設若原本就自性，苦諦並非所遍知，

後將如何遍知彼[70]？彼非住於自性耶？

【22】
假如一切事物由它們固有的本質而存在，
那什麼是苦的來源（集）呢？
因此，對於反對空性者而言，沒有苦的來源。

【23】
假如苦以自性的方式存在，那將沒有滅，
因為固有本質持續安住，那麼此人會破壞滅諦。

【24】
假如「道」具有自性存在，那修習將變成不可能。
而因為「道」的確要被修習，
所以，它必定沒有你所說的固有本質。

【25】
現在，假如苦、它的根源（集），
以及〔苦和集的〕滅是不存在的，
那麼，一個人要靠什麼「道」，才能夠尋得痛苦的「滅」？

【26】
假如「〔對於苦諦的〕無知」是以它固有的本質存在的話，
那麼，「知」要如何才能產生呢？〔無知的〕固有本質不是會持續安住〔而讓知無法產生〕嗎？

【27】

如是汝應斷集諦，現證滅諦修道諦，

以及四種聖果位，亦如遍知[71]不可得。

【28】

由於遍執有自性，是故果就自性言，

凡是尚未證得者，彼將如何能被證？

【29】

若無四果無住果，諸向果者亦非有，

設若四雙或八輩，彼等若無僧伽[72]無。

【30】

由無聖者諸諦[73]故，殊勝正法[74]亦非有，

法與僧伽若非有，佛陀[75]如何將成有？

【31】

汝之佛陀將理應，既不依賴於菩提[76]；

汝之菩提將理應，亦不依賴於佛陀。[77]

【27】
同樣地，就像知〔苦〕的情況一樣，
你的斷〔集〕、證〔滅〕和四果，
這些都將變得站不住腳。

【28】
對於堅持固有本質的你（實在論者）而言，
這些果位將由於其固有本質而已經處在證得的狀態了；
如此一來，要用什麼方式才能證得它們呢？

【29】
若無果位，則將無住於這些果位者（住果者），
也將不會有向果者。
假如這八類人不存在，則將沒有僧團。

【30】
假如四聖諦不存在，法寶也將不會存在；
假如佛法和僧團不存在，那怎能產生佛陀呢？

【31】
對你而言，理應不需要依賴覺悟，便將可以產生佛陀；
而且對你而言，理應不需要依賴佛陀，便將可以產生覺悟。

【32】

汝許自性非佛者，縱彼為證菩提故，

精進努力菩提行，亦將無法證菩提。

【33】

無論任何法非法，無論何時將不造，

於不空中[78]何可為？於自性中無作用。

【34】

縱於無法[79]非法[80]]中，對汝而言將有果，

由法非法因[81]生果，對汝而言並非有。

【35】

由法非法因生果，對汝而言假設有，

則由法非法生果，以何緣故不是空？

【36】

對於緣起之空性，凡是造作損害者，

則於諸世間名言，亦是造作損害者。

【32】

對你而言，由於其固有本質而尚未覺悟的人，
即使藉著修習覺悟之道，他還是無法證得覺悟。

【33】

絕對不會有人從事善行或惡行；
假如事物是不空的話，人還可以作什麼？
在固有本質中，沒有任何活動。

【34】

對你而言，在沒有〔對應的〕善行或惡行下，理應將產生結果。
因此，對你而言，從善行和惡行所生的結果，將不會存在。

【35】

對你而言，假如來自於善行和惡行的這些果報的確存在的話，
那麼，來自於善行和惡行的這些結果，
為什麼不是〔自性存在〕空的？

【36】

駁斥緣起性空者，
那他也破壞了一切世俗的約定。

【37】

若對空性行破壞，應成完全無所作[82]，

應成無造[83]之所作，無作[84]亦應成作者。

【38】

若有自性則眾生，應成不生與不滅，

並且應成恆常住，並將遠離諸分位[85]。

【39】

設若自性空非有，則無未證應當證，

及無令苦達邊際[86]，斷諸業惑[87]亦應無。

【40】

凡是觀見緣起者，彼即觀見苦諦者、

觀見集諦與滅諦，以及觀見道諦者。

【37】

因為假如空性本身被捨棄，那就沒有功能會持續；
那麼，將會有沒有開始的行為，以及將會有沒有行為的作者。

【38】

假如有自性存在，那麼，整個世界將不生不滅，
而且永恆地持續著，缺乏變化的狀態。

【39】

假如〔自性存在〕空的事物不存在，
那麼，證所未證、終結痛苦，以及滅除業和煩惱，
這些都將不存在。

【40】

無論誰見到緣起，那他就看見苦〔諦〕、它的源頭（集諦），
以及滅〔諦〕和〔通往滅之〕道〔諦〕。

1

趨向甚深

在二十一世紀的今時、此地，人類在物質發展和各種領域的知識方面已經達到高度發展的階段，而且我們仍在這些領域持續地進步中。但是，需要我們關注的事物卻永無止盡，而在這樣的氛圍下，對於佛教徒而言，以理解（understanding）和論理（reason）為基礎，而對佛法獲得真正的信心，這是很重要的。

基於真正理解的信心

我們要如何獲得一個基於「理解」的信心呢？就像我在〈吉祥那爛陀寺十七位大班智達祈願文〉的後記中所寫的：

> 我們應該以帶有好奇、懷疑的客觀心態，去從事謹慎的分析並尋找理由。然後，基於所見的這些理由而引生由智慧所伴隨的信心。[1]

現在，無論什麼時候，當我們進行任何分析時，例如關於心的本質或實相，假如我們從進行的一開始，就已經說服自己「這一定是如此這般」的話，由於這個偏見，我們將無法看見真正的真理，反而只會看到自己內心幼稚的投射。因此，在進行分析時，試圖讓心態保持客觀且不受成見所左右，這是非常重要的。我們所需要的是一顆帶有懷疑的好奇心，我們的心在各種可能性之間游移，真誠地去追問它是否如此，或者還有其他可能。我們必須盡可能客觀地進行分析。

然而，即使我們保持一個不受偏見所動搖的客觀態度，但是對於分析卻沒有感受或興趣，這也不對。我們應該培養探索所有可能性的好奇心，而當著手去做時，想要深入探究的欲望自然便會產生。假如缺乏這種想要嘗試各種可能性的心，我們便會放棄探索，並且只會輕蔑地說「我不知道」這樣的話，而這不會帶來實質的利益，因為我們並沒有用開放的心態去接受新的洞見。

因此，好奇、質疑的態度非常重要。因為只要存有這樣的質疑，便會持續地追究下去。科學進步的其中一個理由，是因為它持續不斷地質疑探究，並且基於「它為什麼會像這樣」的真正客觀態度，帶著嘗試各種可能性的好奇心而進行實驗。透過這種方式，真理會變得愈來愈清晰，人們才能正確地理解它。

「謹慎的分析」指出了粗略或不全面的分析是不夠的。例如在佛教邏輯[2]與認識論典籍所提出的分析方法中，憑著「僅僅基於事實[3]的片面觀察」、「於同類事物[4]中額外觀察到這個事實」，或基於「在任何異類事物[5]中僅僅沒觀察到這個事實」[6]等論證，這是不夠的。基於片面的理由，並不足以推出你的結論。佛教邏輯和認識論典籍強調，要論證一個主張為真理，必須建立在植基於直接觀察的健全論理。透過謹慎的分析，我們的結論才會更穩固且更周延。

當我們更清楚並瞭解典籍當中所提出的論理時，必須把這些回歸到自己個人的經驗上。而最究竟的證明，則是直接有效的經驗（現量的經驗）。

佛教典籍提到「理智」分為四種類型或特性：卓越理智（great intelligence）、迅捷理智（swift intelligence）、清明理智（clear intelligence）與洞察理智（penetrating intelligence）。因為我們必須謹慎地分析對象事件，因此需要「卓越理智」。除非基於精密地分析，否則我們不能輕易地遽下「某事就是如此」的這種結論，因此我們需要「清明理智」。因為我們必須能夠獨立思考，因此需要「迅捷理智」。而且因為我們必須要探究序列問題的完整含義，因此需要「洞察理智」。

透過這樣的方式去分析，並且從自己的理解中尋求可以推導出來的結論與意義（重要性），我們將會看到那些結果。在此，我們首先必須有系統地組織典籍當中提出的論式，並和自己個人的經驗連結，如此一來，這個論理便可以受到直接觀察與經驗證據所支持。當我們把這些論式連結到自己個人的經驗時，便會覺得「是的，它們真的很有幫助」，或「這真的非常好」。這時，我們對於佛法的信念便已經獲得確定了，這樣的信心可稱為「基於真正理解的信心」。

分析的順序

至於從事分析的實際順序，我在〈吉祥那爛陀寺十七位大班智達祈願文〉第20偈寫道：

通達事物本質二諦義，
四諦確定輪轉與還滅，
由量所引堅信三皈依，
奠定解脫道本祈加持！[7]
透過理解二諦（事物的存在方式），
我將確定我們如何經由四諦而於輪迴中流轉與還滅，
我將更堅定由理解（量，有效認知）所引生的對於三寶的敬信，
惟願加持解脫道的根本能深植我心！

在此，當談到修習佛法時，我們所要談的是，在尋求解脫的脈絡底下，遵守斷除十種不善行的倫理道德標準，並且培養悲心與慈心。光是禁絕十種不善行，或是培養悲心與慈心，並無法構成佛法獨特的修習之處，因為倫理道德與悲心的修持，畢竟是許多精神傳統都共有的特質。當我們在這個脈絡底下談到佛法時，「法」（Dharma，或精神方面的事物）一詞所指的是「涅槃」（nirvana）或「解脫」的寂靜，而且是指「決定勝」（definite goodness），它兼含「解脫輪迴」與「成佛的圓滿覺悟」兩者。我們使用「決定勝」一詞，是因為涅槃的寂靜是全然殊勝、清淨且恆久的。當避免無益身心、傷害他人的行為並培養慈悲等這樣的修習，是希冀從輪迴三有中證得解脫的一部分時，它們才真的

成為佛教徒精神活動那層意義的「法」。

「解脫」（liberation）在此的定義是：透過運用相應的對治力去滅除心中的染污。主要的染污（我們尚未覺悟的這種存在狀態的根源）就是對於「我」（selfhood）或自我存在（self-existence）的執著，以及伴隨執著自我存在而來的所有相關的心理與情緒因素。直接對治我執的心及其相關心理因素的方法，便是洞悉「無我」（selflessness）。因此，基於對「無我」的領悟，我們才能獲致真正的解脫。

上述便是如何證得「決定勝」的方法，而連繫證得這種解脫的精神方法，則是佛教獨一無二的方式。因此，我寫道：「奠定解脫道本祈加持（惟願加持解脫道的根本能深植我心）。」

解脫道的根本：四聖諦

現在，為了把解脫道的根本深植我們心中，就必須瞭解四聖諦[8]。四聖諦就像佛陀所有顯密兩種教法的基礎，當他第一次對最初期的弟子教導佛法時，所教導的便是四聖諦。

假如我們去深思佛陀教導四聖諦的方式，就會看見他首先描述它們的特徵或本質，其次是功能，第三則是一旦直接證悟它們（現觀）時，我們將會經驗到的結果。這就是為什麼在佛教教法中，我們經常可以發現「基」（ground，基礎）、「道」（path，道路）和「果」（result，結果）這三個主要成分的討論。瞭解實相的本質是「基」，而「道」的追求（實踐）則是基於對「基」的瞭解，而最後所經驗到的「果」，則是開發「道」的結果。

〔基的階段：〕佛陀關於四聖諦的教法，是對實相真正本質的一種描述。當佛陀教導四聖諦時，他是以描述它們的本質作為開始，他說：「這是苦聖諦，這是苦集聖諦，這是苦滅聖諦，這是道聖諦。」透過這樣的方式宣說諸諦，佛陀說明有關事物存在的方式，他是在描述「基」的本質。

現在，在佛陀的第一苦聖諦當中，他所說的「這是苦聖諦」包含了所有折磨我們的苦。其中，有許多不同的細微層次，不僅有明顯的疼痛和艱辛之苦，而且還有我們經驗當中，更深沉且涵蓋更廣的特性〔，這些也是苦聖諦〕。「這是苦聖諦」這句話，可讓人辨認到所有這些經驗都是無法令人滿足的，或處在苦的本質當中。

在第二諦中，「這是苦集聖諦」這句話說明了導致苦或構成苦的來源之因。即使「集」（苦的根源）本身也是苦的一種形式，因此可被包含在第一諦中，此處是以「因」和「果」的方式來分辨並描述「苦」和「集」。再次地，佛陀確認主要的苦因就是對於自我存在的執著，也就是扭曲我們對於實相的看法，並讓我們只連繫到令人困惑的表象，而非事物真正存在方式的根本無明。

在第三聖諦中，「這是滅聖諦」這句話說明了從苦解脫的本質，也就是苦的完全息滅，這說明苦因可以被刻意地終結。當這些苦因的種子變得愈來愈少而最終被根除時，那些原本會產生並被經驗的結果自然便不會出現。因此，這句話在此所要說明的是，我們的苦及其根源（集）終有一天可能完全止息。

要充分瞭解這種息滅的可能性，你不能只憑藉著自己對表象的理解，而必須更進一步透視它們真正存在的模式。你不能依賴一般層次的表象，因為它們是靠不住的。你的苦的核心根源——

根本無明（即對於現象真正存在的模式或事物實際存在的方式，感到迷惑），它主宰我們目前每一剎那的經驗。

但是根本無明和心的光明本質並非密不可分地融合在一起。最終，無明和心可以被分離開來，無明並不是心的固有本質。因此，在第四諦中，「這是道聖諦」這句話是要說明透過某些方法，可以在我們的心續中實現寂滅。在這些方法中，最重要的就是瞭解實相本質的智慧。為了斷除根本無明，我們開發「無我」的知識並觀修這個真諦。現觀「無我」之道，可以直接攻擊這個錯誤地認知「我」而受到蒙蔽的心，並且斷除它。以這個方式，宣說「道」的本質。

簡而言之，透過列舉四諦的特性，佛陀教導了「基」——事物真正存在方式的本質，這點可以透過底下的比喻來說明。例如當某人患了還能治癒的疾病時，便有疾病本身的苦、產生疾病的內外因素、治癒的可能性，以及對治病因並使其痊癒的治療方法或藥物。同樣地，有一條通往止息一切苦的道路。這就是「基」的本質——對於事物實際存在方式的瞭解。

沒有人會強迫我們追求安樂並試圖克服痛苦，而且我們不需要用邏輯去證明這兩種追求的價值，因為尋求安樂和規避痛苦的傾向，自然而然存在於我們所有人，甚至動物的身上。就像尋求安樂和避免痛苦的自然傾向是我們的實相的基本事實，同樣地，有因果關連的苦、集、滅、道四聖諦，也是實相的基本事實。

〔道的階段：〕現在的問題是「把這些事實作為基礎之後，我們要如何運用自己對於四聖諦——『基』——的瞭解？」要回應這個問題，佛陀回答：「辨認苦，斷除集，現證滅與修習道。」（知苦、斷集、證滅、修道）在他第二次列舉的四聖諦中，佛陀要教導它們的功能，即在我們心中實現它們所必須依循的過程。在基、道、果的三重解釋中，這是「道」的解釋。

現在，當我們徹底地辨認苦時，自然便會產生希望從苦當中脫離的想法。因此，透過「辨認苦」這句話，佛陀教導善加瞭解苦的所有粗、細層次的重要性。透過明顯之苦（evident suffering，苦苦）、變異之苦（changeable suffering，壞苦）和制約之苦（suffering of conditioning，周遍行苦）這三個依次愈來愈細微的苦的差異性，來觀修苦。「明顯之苦」也稱為「苦苦」，它是顯而易見的疼痛與艱辛，這是世俗所定義的「苦」。「變異之苦」在世俗中被理解為安樂（有漏安樂），但是它的不穩定性和無常性，總是在最終時帶來痛苦。最細微層次的「制約之苦」，是受到無明所制約的一切苦、樂、捨經驗的核心特性。無論何時，無明都是〔影響〕我們覺知實相時的一個因素，而且對於大部分的人而言，一直都是如此。然後，無論我們從事何種行為，以及擁有什麼經驗，都將被錯誤想法所產生的不安所扭曲。

一般而言，明顯之苦甚至連動物都能辨認出來，我們不需要特別去深思以便開發想要脫離它的想法。然而，明顯之苦是基於變異之苦而來，而後者又植基於制約之苦。因此，即使我們可以試圖並單獨去除明顯之苦，但是只要制約之苦還在，明顯之苦或許可以降低，但是無法被斷除。因此，要完全斷除明顯之苦，我們必須斷除制約之苦。「辨認苦」這句話的意義就是去辨認制約之苦。

同樣地，「斷除集」這句話的意義，就是去斷除一切苦的根本原因——根本無明。「現證滅」這句話的意義，則是去遮止苦及其根源。這就是我們所必須尋求且必然會渴望的最終目標，也就是前面提過的「決定勝」。

最後，「修習道」則意味著，所謂的「滅」必須在內心中實現，因此，我們必須培養那些將導致證得滅的因（道），必須把自己的理解付諸實修。提到未覺悟與覺悟的存在狀態（輪迴與涅槃）時，我們真正要談論的是兩種不同的心態。只要內心處在一個尚未覺悟、受到無明欺騙或蒙蔽的狀態，那麼我們便身處在輪迴或尚未覺悟的存在狀態。而一旦我們獲得洞悉實相真正本質的智見，並且看穿無明的虛妄時，覺悟的過程便由此開啟。因此，輪迴與涅槃或無明與覺悟，事實上是我們對於實相的究竟本質是否無知或具備洞見的作用（function）。前往覺悟旅程的核心便是要開展這個洞見。

簡而言之，佛陀在初次宣說四聖諦之後，接著教導如何運用它們，也就是解釋我們走上這個道路所必須依循的順序。佛陀教誡我們所要採取的第一個步驟就是「辨認苦」。〔果的階段：〕佛陀詳細說明：「辨認苦，而沒有苦尚待辨認；斷除苦之集，而沒有苦之集尚待斷除；現證滅，而沒有滅尚待現證；修習道，而沒有道尚待修習。」透過這些敘述，佛陀提醒我們瞭解四聖諦如何能達到它的頂點——道的「果」（結果）。在此階段，我們不再需要辨認任何更進一步的苦，或者去斷除任何更進一步的苦之集，這個事實就是最終現證四聖諦。

這便是佛陀如何以基、道、果的觀點來展示四諦的情況。

當佛陀教導四聖諦時，他提到兩重因果關係，一方面是「苦」和「集」，而另一方面則是「滅」和它的因——「道」。第一重因果關係跟雜染（煩惱）的現象或我們在輪迴中受生有關，而第二重因果關係則與覺悟的現象或徹底斷除苦的狀態有關。雜染種類的因果關係是以無明作為根本，而覺悟的因果關係則透過根本無明的息滅或雜染因果的淨化來進行。在此，我們可以再次看到輪迴三有及其超越——輪迴與涅槃，是以瞭解或昧於實相究竟本質的觀點來定義的。而且我們再次看到輪迴和涅槃之間的差異，正是我們如何覺知實相的一個差異。

見解的層次

四聖諦為一切佛教學派所接受，但是要瞭解這個中心教法的細微面向，你必須從最進階的理論觀點去掌握這個教法，因為如果沒有正確地理解實相的本質，你將無法證得苦的完全止息。關於正見的最高且最細微的教法，可見於中觀學派。

因為精神的修習者擁有如此不同層次的智力，因此，當佛陀在解釋實相的究竟本質時，首先提及粗顯層次的無明。然後，為了利益心智能力中等和進階的精神修習者，他談論到無明的細微層次。因此，在佛教的經典中，你可以發現佛陀根據說法時的聽眾，而以各種細微的層次來解釋無明或勝義實相。從哲學的觀點而言，他所給予的細微解釋，比起更粗顯的解釋要更確定（definitive，了義）。

假如你運用中觀論典當中所教導的論理過程進行分析，那麼在層次較低的哲學學派中所見的實相究竟本質，會暴露其矛盾且無法由論理來確定等的缺失。當然，其他這些被〔被中觀論理所〕破斥的學派也會批評中觀的立場，但是這些批評並無法充分理解事物的真正本質。在他們（層次較低的哲學學派）基於〔對中觀學派的〕充分理解〔而對其提出〕的反對當中，沒有任何一個能顯示出中觀立場有任何邏輯上的矛盾之處。因此，雖然這兩者均同為世尊所教導，但是只有那些經過批判分析之後，在意義上沒有任何過失的聖語（佛語）才能被視為確定（了義）。

佛陀自己強調必須以好奇、懷疑的客觀心態來分析他的話。佛陀說過：

> 諸比丘及諸智者，應如燒截磨金般，
> 善析吾語而接受，然而並非因恭敬。[9]

這是因為佛陀考慮到弟子的心智能力、傾向和興趣的種種差異，而給予如此各種差異的教法。因此，在佛教教法中，去分辨不了義的教法（暫時且陳述暫時真理的教法）與了義的教法（確定且可從字義來接受的教法）之間的差異，是很重要的。只有中觀學派的見解才能讓人極為滿意地支持，因為在這個見解當中所辨認的實相究竟本質，無論經過怎樣的批判分析，都不會遭到駁斥。因此，陳述中觀見解的經典被視為是了義的。

依據中觀的理解來談四聖諦，就是談四聖諦的粗顯和細微兩種層次，由於佛陀以粗顯和細微兩種層次來說明根本無明與實相的本質，因此，四聖諦同樣也有基於佛陀所給予的不了義教法的粗顯說明，也有運用有關實相本質的了義教法所作的詳細說明。

二諦

龍樹大師在他的《中論》中提到：

諸佛正確依二諦，而爲衆生說正法。(10)

佛陀給予衆生的教法，純粹是基於二諦。

要依據中觀見解來瞭解四聖諦的建立，就必須瞭解「世俗」與「勝義」這兩種層次的真理。因為正如我們所見的，如果不瞭解勝義諦——事物真正存在的模式，則很難以完全理解的方式去安立寂滅。這就是為什麼我會寫：

通達事物本質二諦義，
四諦確定輪轉與還滅。
透過瞭解二諦（事物的存在方式），
我將確定我們如何經由四諦而於輪迴中流轉與還滅。

而且因為基於對二諦的理解，我們充分理解法寶的本質，而以此為基礎，對於佛寶和僧寶獲得更深刻的理解，因此我寫了：

由量所引堅信三皈依，
奠定解脫道本祈加持！
我將更堅定由理解（量，有效認知）
所引生的對於三寶的敬信，
惟願加持解脫道的根本能深植我心！

換句話說，希望透過基於清楚辨認三個皈依對象之本質的真正理解，所引生的對三寶的堅固信心，能在我心中產生，而且在這個基礎上，願解脫道的根本可以深植於我的內心。

我在此所描述的先後順序，是基於彌勒在他的《現觀莊嚴論》（*Ornament of Clear Realizations*；梵*Abhisamayalamkara*）當中的進路，在生起菩提心之後，他提出如下的教授：

修行及諸諦，佛陀等三寶。[11]

在討論修行內容偈頌的這些字裡行間中，彌勒提出關於二諦、四聖諦或修行架構和三寶的教授，它是修行的所依（支持）。在我所作的偈頌中，也遵循同樣的順序。

現在，佛教當中的目標有獲得身為人類或天眾這種較高投生（增上生）的暫時目標，以及達到「決定勝」的究竟目標。有關獲致增上生的教法，是以開發「世間正見」為基礎。什麼是「世間正見」呢？就是以確信緣起法則為基礎的業果律的正見。基於這樣的見解所要尋求並達成的目標，就是「增上生」。

另一方面，假如我們開展有關事物是如何「以分別心來命名」（conceptual designation）而存在之深義的理解，那麼我們將會瞭解緣起為空，並在此基礎上產生「出世間正見」（相對於世間正見而言），而這個見解便是以證得「決定勝」的目標為其結果。因此，即使佛教的精神目標（即「增上生」與「決定勝」兩者）也是建構在二諦的脈絡當中。

進一步來說，最高的「決定勝」——佛陀的一切相智狀態，是由色身（rupakaya）與法身（dharmakaya）兩種體現所組成。佛陀的色身是由福德資糧所成，此福德資糧是由慈心、布施等清淨行為及其他善行所產生的正面潛能；而佛陀的法身則是透過智慧資糧或洞悉實相的睿智而成就。由於我們基於緣起的表象而累積福德，並且基於緣起的空相累積智慧，因此顯示了即使佛果位也是在二諦的基礎上來定義的。基於這些理由，我們可以說，佛陀所提出的一切教法，無論它們是多麼浩瀚廣大，都是在二諦的架構中教導的。

被稱為「二諦」的是，表象和真正實相兩種層次的真實，對應於這兩種層次的〔理解〕，則是對於以表象層次為基礎的世間理解，以及對於以真正實相層次或事物真正存在方式為基礎的世間理解。在日常生活的對話方式中，我們會去辨認不同層次的真實，而區分表象與實相，且會意識到不同層次的真理。有關二諦的教法，明確地把我們對於這個差異的直覺加以概念化。在我們經驗表象與實相兩者之間的差異中，事物的究竟、真正的本質構成了勝義諦，而在表象架構中所開展的瞭解或我們日常生活的覺知，則構成世俗諦。

接著，二諦的特性是什麼？世俗諦是由一個不去審察究竟真實的理解（世俗的理解）所獲得的世間事實。當我們不滿足於一個世俗的理解所認識到的純粹表象，卻以批判的分析深入地探索，而尋找事物真正存在的模式時，透過這種探究所獲得的事實，便構成了勝義諦。因此，這個勝義諦——事物的究竟本質，並不是指某種獨立、自存的絕對體，或某種崇高卻不切實際的實體。更確切地說，它指的是特定事物或現象的究竟本質。特定事物的這個基礎（世俗諦）及其真正存在的模式（勝義諦），構成同一個體性。因此，雖然對於二諦的觀點與特質所下的定義不同，但是它們卻屬於同一個體性。一切現象，不論它們是什麼，均具有二諦中的任何一諦。

2

十二緣起支

所有佛教學派都會提到「緣起」(梵pratitya samutpada)法則——現象的形成，有賴於其他現象。佛陀說明了緣起鏈當中的十二個支分(link，環節)，從第一支「根本無明」直到第十二支「老死」，是為了描述輪迴三有「依賴而生的本質」。當更詳細去解釋位於四聖諦核心的因果機制時，我們便觸及了佛陀有關十二緣起支的教法。

如同四聖諦教法，佛陀也教導關於十二支的兩重因果過程。[(1)] 在此，相同的是，第一類過程和雜染(煩惱)種類的現象有關，而第二類過程則和覺悟種類的現象有關。在雜染的過程中，十二支以一般從「因」至「果」的順序進行，每一個「果」依序又成為下一個果的「因」，而在輪迴三有的痛苦中達到頂點。然而，在有關覺悟的過程中，「因」的息滅導致「果」的息滅，亦即第一支息滅，則下一支息滅，直到輪迴三有結束為止。換句話說，前兩個聖諦(苦諦和集諦)解釋了十二支的發生，而後兩個聖諦(滅諦和道諦)則描述了十二支的瓦解和解脫的「果」。

十二緣起支的所有十二支都落在「苦」和「集」的範疇。龍樹大師在《緣起心要論》(*Exposition of the Essence of Dependent*

Origination；梵*Pratityasamutpadahridayakarika*）中寫著：

第一、八、九爲煩惱，
第二、第十是爲業，
其餘諸支則爲苦。(2)

在此，龍樹解釋十二緣起支的第一支「無明」、第八支「愛」與第九支「取」是煩惱型態的苦因（煩惱集），而第二支「行」和第十支「有」則是業行型態的苦因（業集），這五支構成了集諦。而其餘七支——從第三支的「識」經由「名色」、「六入」、「觸」、「受」、「生」至第十二支「老死」，則構成苦諦。

第一支：根本無明

在《中論》的第26章中，龍樹以根本無明與行這前兩支的說明，作為開始：

【1】無明障故，爲後有，透過身語意三門，
現前造作三種行，由彼諸業趣諸趣。
由於「無明」的障蔽，以及為了投生，
我們造作了三種行為[3]；
也就是構成〔三有輪迴〕的這些行為，
推動我們流轉諸趣。(4)

無明障蔽實相的真正本質，扭曲了我們認知對境的方式，並且在這個基礎上產生自性存在的執著。由於無明之力，在我們的經驗領域中，無論遭遇到什麼對境，例如色、聲等，我們對於它們的覺知都會受到「實有執」（真實存在的概念分別）所扭曲。由錯誤地認知種種對境所生的這些內心投射，會導致貪欲與瞋恚，而這些又依序導致累積投生於輪迴三有的業。

在貪欲或瞋恚的蠱惑之下，例如我們或許會傷害別人並累積「非福業」（demeritorious karma）或「不善業」，而投生於三惡趣中。另一方面，由於貪欲的推動，我們或許會從事利益他人的行為，因而造下「福業」（meritorious karma），並投生於善趣，但是貪欲意味著在這個行為當中，仍然深植著由自性存在的執著所生的錯誤內心投射。即使我們對於樂受已不抱幻想，而希求捨受（equanimity）的狀態，則仍會基於甚深的禪定而累積「不動業」（unwavering karma）。「三種行為」這句話指的是以下這三種情況：（一）迫使（推動）投生於三惡趣的非福業；（二）迫使投生為欲界的人與天的福業；（三）迫使投生於色界與無色界的不動業。後兩者雖然都是福業的不同面貌，但是因為發動行為的希求不同，而產生不同的結果。[5]

這三種類型的業，被稱為生於三有輪迴的「建構者」，「三種行為」或可理解為受到內心毒素（貪、瞋、痴三毒等煩惱心所）的影響，而透過身、語、意所發動的業行。這有賴於你是從哪個觀點來看待它，從它們結果的觀點來說，有福業、非福業和不動業；而從付諸行動所經途徑的立場來說，則有身、語、意三種業行。所有這些業行，都是經由無法瞭解實相真正本質的無明之力所累積。

「非福行」是指不顧他人福祉所造下的傷害他人的行為，它被兩種類型的無明所驅使：（一）因位動機因素（the causal motivating factor，因等起）：對於實相真正本質的無明（真實義愚）；[6]（二）俱生動機因素（the coemergent motivating factor，時等起）：和行為一起產生的動機因素，也就是對於業力法則的無明（業果愚）。[7]對於業力法則的無明，就是否定因果的斷滅論。一般而言，無明有兩種類型：（一）僅僅「不瞭解」（not knowing）某事；（二）「扭曲瞭解」（distorted knowing）〔某事〕，即誤認某事為真。非福行的這兩個動機因素都是扭曲的瞭解。假如發動一個行為的無明動機，只是不瞭解某事，那麼潛在的心態將會是中性的，也就是既非善也非惡的。

「扭曲的瞭解」也以多種類型發生，就像那些牽涉到詆毀（損減）的扭曲理解，例如誹謗業力法則的見解，以及那些牽涉到虛構（增益）的扭曲理解。後者的一個例子，將會是執補特伽羅[8]和一切現象為自己存在的粗分層次的無明。[9]然而，假如我們追溯牽涉到「扭曲的瞭解」的所有無明類型的究竟源頭，便會發現它們都是植基於執一切事物為真實存在（實有）的無明。[10]這就是根本無明，也就是十二〔緣起〕支的第一支。它之所以被稱為「無明」，是因為它扭曲了我們對於實相真正本質的認識。

要瞭解無明在未覺悟之輪迴三有中如何運作，我們必須檢視經驗當中所有矛盾的情況。我們都同樣逃避痛苦而希求安樂，但是我們仍事與願違地經驗到許多痛苦，而且所追尋的安樂當中，很難發現有持久的安樂。這些痛苦並非無因而生，它們是由因緣所生，而且假如追溯這些因緣直至其究竟源頭，將發現我們已經把這些因緣聚集起來了。儘管我們希望避免痛苦，然而卻創造有利於痛苦產生的條件，這個事實只能歸咎於無明。假如我們沒有無明，就不會去追求讓自己受苦的這些條件。簡而言之，我們的問題和不幸的發生，主要是由於自己所造的業，而我們會造業，則是受到無明的力量所主宰。

這首偈頌的後半段「這些行為，推動我們流轉諸趣」，意思是我們的業決定自己的投生是好或是壞。就像先前所說的，三種類型的有意志的行為——福業、非福業和不動業，會產生對應的投生類型。就它們的真正本質而言，有「思業」本身（the act of intending itself，意圖本身的行為）[11]和「思已業」（the intended action，意圖之後的行為）[12]，也就是想法及其執行。龍樹的中觀學派認同毘婆沙宗（梵Vaibhashika）所主張的思已業（身或語的行為）是物質。

留在我們認知上的印記

再回到龍樹的《中論》：

【2a-b】以行爲緣而有識，彼將進入於諸趣。
以「行」作為緣，
「認知（consciousness）[13]進入輪迴。[14]

一旦業行完成，思業與思已業即告終止。在它們停止之後，這個業的某種印記（imprint，業的習氣）便會遺留下來。這些印記遺留的確切位置在什麼地方呢？假設不去辨認身體的不同細微層次，而只考慮粗顯的色身（物質身體），我們會發現它的相續並不穩固，而且容易壞滅，因此，很難斷定這個身體是貯藏業的印記之處。相反地，假如同樣地不去分辨認知的不同細微層次，根據佛教的觀點，可以從一世遷移至另一世的認知，就它的相續性而言，要比身體更為穩固。因此，內在的認知便是業的餘習留下印記之處。

當提到「印記」時，我們所說的是由過去累積並被貯存的業所造成的內心習氣，它們要到條件具足時才會被釋放出來。把過去所造的種種行為（業）和未來某個時間成熟的那些果報連繫在一起的，就是印記，這也是為什麼這些印記的貯藏處必須要有一個穩固的相續性的原因。為了說明這點，過去某些佛教祖師（真相唯識派）提出「阿賴耶識」（梵alayavijñana）作為印記的基礎。而其他相信在嚴格尋找之下可發現補特伽羅之實質的那些人（除了真相唯識派和中觀應成派以外的其他佛教學派），則把他們視為補特伽羅之實質的認知，安立為這些印記的基礎。雖然這兩種解釋，都開創出解釋業的印記如何從此世被帶至來世的基礎，但是它們同時也會導致其他哲學問題。龍樹的中觀學派對於這個問題的處理則有所不同。

當月稱〔透過《入中論釋》的〈第六現前地〉的第39偈〕解釋龍樹的獨特立場時，他區分了「印記的暫時基礎」與「更持久的基礎」。他說，和業行同時發生的當下認知，是印記的暫時基礎，而印記的持久基礎，則是在補特伽羅的認知相續這個基礎上所建構的「我」或「補特伽羅」。

透過嚴密的檢視，去尋找這些術語（「我」或「補特伽羅」）真正指涉的對象時，我們無法在這些基礎（補特伽羅的認知相續）的任何一個當中發現到它們。「我」或「補特伽羅」只是分別心建構出來的東西，但儘管如此，其世俗性質並不會被某個其他世俗的有效認知所否定。然而，印記本身僅於名稱與分別心中為真，而被視為印記基礎的「唯我」（mere I），也是僅於名稱與分別心中為真。因此，我們可以透過一個非常簡練確切的方式，來解決業的印記貯存的問題。印度祖師們廣泛地分析並思考這個問題。

在此，我已經用非常普遍的方式，說明了具有穩固相續的認知，正是這些印記的基礎。月稱在注釋龍樹的獨特觀點時，提出了一個更複雜的解釋。「能發揮功能的體性」（a functioning entity），這被古典印度佛教徒定義為能夠產生結果的某種事物。身為中觀學者的月稱，把「條件所成事物」（有為法或無常法）的「壞滅」（disintegration）或「停止」（cessation），視為能發揮功能的體性。換句話說，即將之視為因果脈絡當中的結果，而且他解釋這點如下：「壞滅」是指當條件所成之事物處在停止或結束時的狀態，而產生事物的最初因正是形成壞滅的因，亦即壞滅的種子存在於所有條件所成事物（例如種子）的產生當中，因此，壞滅也被理解為由因而生。根據此定義，因為壞滅是由因而生，所以它本身必然是一個〔產生其後之結果的〕因，也就是說，它必然是能發揮功能的事物（a functioning thing）。

基於這點，月稱宣稱「壞滅」事實上就是能生結果之業的停止。而業的壞滅狀態的連續性，只有在認知或「唯我」這個相續的基礎上，才能被視為是前後〔邏輯〕一致的，其他任何基礎都不合理。

現在，包含中觀自續派以下的所有古典佛教學派都主張：

雖然「正滅」〔的作用〕(disintegrating，正在壞滅）是由因而生的，但是「壞滅」(disintegration，已經壞滅的狀態）並非由因而生。他們說，在「正滅」之後，你無法發現由因所生的任何殘餘的有條件事物（有為法）。然而，透過這個相同的邏輯，那你也應該要說，雖然「正生」(arising）是由因所生，但是「已生」(arisen）卻是已經成立了，所以應該不需要因，而在這種情況下，你應該也要說「已生」不是由因所生。你可以順著這幾行的內容運用相同的論證，但無論如何，中觀應成派會說，因為「正滅」是由因所生，而「已滅」則是尾隨正滅之後而至，因此也是由因所生。運用這個相同邏輯，因此中觀應成派主張，在認知相續的這個基礎上假名安立，且已經累積無數不同的業的補特伽羅，將會攜帶已滅的業行相續。

因此「認知以行作為緣」的意思是：作為印記貯藏處的認知，被稱為「因位識」(causal consciousness)，而一進入新的投生時，其上所載的印記成熟為結果的認知，則被稱為「果位識」(resultant consciousness)。在此所提出的、被視為〔十二緣起支〕第三支的「識」(認知)，是個因位識，更確切地說，它是由無明所發動的業行之印記的基礎，是能夠在輪迴三有中引發〔認知〕相續進入於新的投生的一個認知。

無始以來的心

密續提及認知的不同層次，這個重要主題值得嚴肅思考。例如，因為最粗顯層次的認知和身體（包括帶有氣、脈、明點的細微身體）息息相關，因此身體成為「所依」（the support），而粗顯的認知則是「能依」（the supported）。當這個「所依」的身體分解時，「能依」的粗顯認知也跟著瓦解。例如，當眼根（視覺器官）故障時，眼識（視覺認知）也就不再產生。

同樣地，許多類型的認知也都有賴於身體而決定其存續與否。例如，我們說「人類的認知」、「老年時候的認知」和「病人的認知」，而這些每一個很顯然都跟身體有關。你們時常會聽到佛教徒說，認知的相續是無始的，但是他們所談論的並不是關於這類粗顯的認知。無疑地，當支撐〔認知〕的身體形成時，感覺器官便逐漸成形，然後產生感官知覺。同樣地，當身體衰退，依附其上的認知機能也跟著衰退，甚至會發生記憶喪失的情況。最終，當身體停止存在時，附著其上的認知也隨著結束，這個認知不會是無始以來的認知。儘管如此，那些以身體作為所依而生的認知，依然以它們唯明（luminous）和唯知（knowing）的本質產生，而且必然有一個獨特的條件使它們能以這樣的本質產生。「唯明」在這個脈絡當中，純粹是指它（認知）是非物質的，而「唯知」則意味著它可以意識到事物。在佛教當中，「唯明」與「唯知」是認知的標準定義。

一般而言，有物質器官並不意味著也會有認知。因此，例如在受孕之前，雖然物質這個基礎（所依）已經存在，但是尚未有能依的認知。受孕在此並不等於受精；對於佛教徒而言，當認知相續進入〔嬰兒的〕身體時，受孕才發生。牽涉那個（認知相續進入身體）的過程需要時間。在受孕前後，子宮當中的受精卵保持一樣，但是在受孕之前，受精卵並不帶有認知。現在，假如只有受精卵，就必然保證粗顯的認知存在，而跟受孕的時間點無關的話，那麼無論是否有受孕，〔受精卵〕也應該要有感受等等才對〔，但事實不然〕。

有關認知何時確定進入子宮的問題，需要進一步研究。經典和密續這兩類典籍均主張，認知在父母的「再生流體」（regenerative fluids，即受精卵）聚合時的這個階段進入，但是這樣陳述是從廣義的觀點來說的，然而未必一定如此。今天，透過科技，一顆卵子甚至可以在子宮外受精，而導致成功受孕，然後這個胚胎再放入子宮。有些古老的故事，也述說了發生在母胎之外受孕的情況。因此，人類的受孕並不一定發生在子宮內。

我時常提出這些論題，是因為在今天可以看到像這樣不符合佛典當中解釋的事物。例如，在世親（梵Vasubandhu）的《俱舍論》（*Treasury of Higher Knowledge*；梵*Abhidharmakosha*）當中所列的太陽和月亮的大小、距離等等，跟經由實驗觀測和數學計算所確定的數值相牴觸。若堅持佛教論典當中的數值，則是蔑視了實驗的證據。此外，因為佛陀說過，我們必須捨棄和論理相牴觸的哲學宗義，而堅持蔑視直接經驗的宗義，則更加不恰當。相同的邏輯，可以運用到何時受孕的這個論題。在佛教論典的這些解釋，必須視為概略的準則，而不能視為確定的、最終的論點。

當經典提到所謂的「極隱密的」（extremely hidden）事實（相對而言，空性雖然是隱密的，卻可透過論理推論而瞭解），也就是無法透過一般的心觀察到的那些事物時，我們要怎麼確定經典描述的是真的呢？(15)佛教的論典提到，我們可藉由檢視這些經典是否含有任何內在相違，來證成這些牽涉極隱密境的經典是否為真（有效）。經典有時會相互牴觸，例如須彌山和四大洲是佛教宇宙觀的中心，但是某些經典說須彌山是方形的，而某些則說它是圓形的。像這樣的一些主張，必須藉由檢視這部經典是否免於內在相違，來證明其為真。

再回到我們稍早的主題，也就是必定要有一個獨特的條件能讓認知以「唯明」、「唯知」的型態出現。我們談到「人類」(human)或「正在形成人類」(becoming a human)，「正在形成人類」發生在當認知以雙親的「再生分泌」(reproductive secretion，即受精卵)為基礎而產生時。但是，是什麼條件能讓認知具有「唯明」的本質和認知對境的能力(唯知)？光有物質的基礎是不夠的，認知需要一個能分享「唯明」、「唯知」特性的先前相續。人類的身體雖可以作為「人類認知」(human consciousness)的外緣(輔助條件)，但是因為它是物質而非「唯明」，因此它不會是該認知的主因。認知的主因必定是前一剎那的認知。

這就是為什麼佛教會安立過去世和未來世的理由。有些人甚至能夠回憶起他們的前生。透過三昧(對於禪定的熟練精通)，我們要在目前粗顯層次的認知基礎上提升記憶，以便使能夠憶起前世的這種狀態變得可能。當這個能力增強時，就廣義的術語來說，我們甚至能夠直覺未來發生的一些事件。

在我自己的經驗裡，於許多場合中，可以感覺到我主要的良師益友之一的恰傑・凌仁波切(Kyapjé Ling，即達賴喇嘛的親教師之一)，他似乎擁有能夠解讀他人心思的神通。有一天，我直接問他這件事。仁波切回答，他有時似乎能夠直覺到一些事物，而他並未否認擁有神通，身為一位受過具足戒的比丘，假如仁波切宣稱他有神通而實際上卻沒有的話，那他將會違犯「妄說上人法」(即妄稱自己有很高的精神證悟)這條戒律，而且他將必須還俗。我還知道其他人，透過修習禪定的力量，能夠回憶起他們的過去生。因此，這些事情的確發生過，雖然我並不確定它們是否在細微的認知層次產生，還是透過某些其他機制所產生。

重點是：某個特定的認知狀態，其「唯明」、「唯知」的相狀（樣態），必定來自於那個認知的前一剎那。因此，認知理應必然也是無始的。因為假如安立認知的「唯明」、「唯知」相狀的相續是有開始的話，那我們就必須承認這個認知是從一個跟它性質不符的因而生（譯按：亦即最初的認知沒有因，而隨後的認知卻有因，這兩類認知的性質截然不同，若是如此，則會形成「從『無因的認知』產生『有因的認知』」這種荒謬的情況），但這是站不住腳的。我們也可以從物質的事物看到這點，其中的每一個物質，不論多麼細微，都具有形狀和顏色，而其主因則是另一個物質，我們終將可以追溯其相續。這不是業的結果，這只是物質世界運作的方式。因此，認知以「唯明」、「唯知」的方式存在，而物質以非心理（非精神）的方式存在，都是事物自然存在的方式。雖然認知和物質（例如身體）各自有其不同的因相續，但在此同時，彼此均作為外緣（輔助條件）而相互影響。

推論的四個原則

佛教典籍談到推論的四種道理或原則，亦即（一）法爾（自然）原則（the principle of nature）；（二）觀待原則（the principle of dependence）；（三）作用原則（the principle of function）；（四）證成原則（the principle of evidence）。[16]和這四個原則

類似的，就像在科學當中也可以發現的自然法則。

（一）「法爾原則」意指世界是以一種特定方式存在而非另一種，如同前述認知相續和物質相續的例子，而且基於這個原則去推論，意指主張現象必定會符合事物的本性。此外，透過觀察自然的這些特性，也可以導出其他特性。

（二）現象的形式與狀態當中的變化，會因為和共存事物之間相互依賴，以及由於因果序列發生的這兩種情況，而受到影響。不同結果的產生，說明了「觀待原則」，亦即每個事物都是由適當的「因」所生。為了把這個原則運用到理性的分析當中，我們會主張因為情況是那樣，所以如此這般必然也是真的。例如，我可以推論，假如我今天生氣，那生氣就不會憑空消失，它會產生像令人不安的某種結果，而且它依序終將成為另一個結果的「因」。

（三）而這（觀待原則）跟「作用原則」的關係緊密，「作用原則」要檢視某個已知現象的結果，也就是看現象產生什麼。因此，生氣之心的副作用是不安寧，而寬宏大量之心的副作用則是平靜。同樣地，佛教教導的善行會導致令人愉悅的經驗，而惡行則會帶來痛苦。這個結果的種子（即生果的能力），就某種意義而言，存在於「果」的「因」當中，就像產生橡樹的潛能存在於橡實當中一樣。順著這些語句去推論，便是在運用「作用原則」。

（四）「證成原則」則是指基於前三個原則，可以推導出更大的結論，這個原則可以在像「假如你要發現持久的幸福，就必須調伏自己的心」的敍述中加以說明。這個心是以相續（法爾原則）的方式存在，而認知的某一剎那會轉換成隨後的認知剎那（觀待原則），而有害的意圖會導致不愉快的經驗（作用原則），因此，假如你不想要受苦而想要安樂，就必須學習控制自己的心，以便培養純粹正面、有益的意圖（證成原則）。透過深思這些事實，去觀察不同的心態如何會有不同的功能（作用），你將會深刻瞭解到要如何調伏內心，以便獲致安樂，而且你將會開發更高的洞察力，以洞察事物的本質。

事物為何改變？

從你開始閱讀這本書到現在，已經過了一段時間了。時間當然絕不會保持靜止，它一剎那接著一剎那持續變動。就像居住在這個世界的生物經歷著變化，同樣地，他們所居住的這個世界（外在環境）也是如此。外在環境和其內的生物是受到什麼力量的主宰而經歷變化？這是因為這些事物最初是由許多「因」所生，一切由條件所構成的事物都在剎那、剎那的基礎上經歷變化，這事實並不是某種第三個因素或外力的結果。產生它們的「因」，在本質上就受變化所宰制，而因為這些事物（果）都享有它們的「因」的本質，因此，它們也受變化所宰制，變化的速度甚至超過最短的毫秒（時邊際剎那）。

一般而言，我們能夠談論粗顯層次的無常，例如當我們死亡，或當我們說某物已被燒毀或破壞的時候。這就是所謂的「從中斷持續存在的觀點來說的無常」（粗顯層次的無常），這種情況是發生在一個已知現象遇到不利於它持續下去的狀況時。剎那、剎那層次的壞滅，則是更細微的無常，而它也就是讓現象的各種

「因」帶有這種〔剎那、剎那壞滅〕特性的無常。在佛教教法當中的「諸行無常」，所指的就是這種細微的無常。

現在，假如我們去檢視，將會清楚看見「事物可以全然由無因所生」的這種觀念，會導致各種極端的結果和自相矛盾之處。例如，植物為什麼不能在寒冬中生長的情況，將會毫無道理可言。簡而言之，假如事物可以全然由無因所生，這將會導致整個因果律的崩潰，而不只是業果的瓦解而已。相反地，「事物由眾因所生」的這種解釋，則可以避免上述的邏輯謬誤。

此外，假如「因」被視為恆常的話，這也會有邏輯上的問題。假如「因」從未改變，並且在一切時中持續存在的話，那麼它那分享著〔與因〕相同本質的「果」，也將不受變化所宰制。因為我們可以透過自己的經驗觀察，去證明結果會受到變化所宰制，因此，可以推論其主因也一樣受到變化所宰制。不僅如此，因果的過程本身，也會讓「因」改變，因此對於實際上是永恆的某種事物來說，它不能夠產生事物，因為那會讓它改變（亦即讓它從永恆變為無常）。因此，「某物能從永恆的因產生」的這種概念，是站不住腳的。

同樣地，「事物可以從跟它的結果性質不符的因所生」的這種主張，也是站不住腳的，這是要說明，「果」的特殊性質必定會跟「因」階段當中內在的各種潛在性質有關。「果」的所有特性未必要存在於「因」的階段，但是「果」的各種性質，必定跟存在於「因」階段的那些潛在性質有關。橡樹來自於橡實而非來自於蘋果的種子，亦即「因」和「果」必須彼此性質相符。只有基於這樣性質相符的關係，我們才能把各種現象和因果連繫在一起。

要去安立「各種果均來自於單一因」這點也很困難，唯有透過許多因緣的聚合，「果」才會產生。雖然有我們所謂的「直接因」（direct cause），但是這個「因」的效力，仍有賴於許多其他的因緣，而且光有那個「因」本身，並無法確保特定的「果」將會形成。為什麼會這樣呢？因為讓各種「果」產生的，正是「因」所呈現出來的種種變化；而且，在「果」尚未產生之前，光靠整個「因」的脈絡當中的某些要素，仍舊無法實現〔生果這個目的〕的。例如一顆橡實在沒有獲得充分的泥土、水分或陽光之前，是不會發芽成長的。事實上，任何現象產生的背後，其潛藏的種種情況是如此複雜、廣大，甚至無法估量。因此，除非一個直接因帶有無法阻止的〔生果〕潛能，亦即這個「因」已經成熟，而且其存在幾乎已確保「果」的存在，否則「因」的存在，並不能保證「果」的產生。只有在許多因緣的這個基礎上，「果」才會產生，而單一、獨立的「因」要產生「果」，這是不可能的。

現在，在這個因果的網絡中，有物質與外在世界的網絡，以及思想、感受等等內在世界的網絡。因此，我們可以討論物質的因果關係和心理的因果關係。雖然物質和心理這兩類因果關係，在它們各自的領域中運作，但是它們依然影響著彼此。苦樂經驗的產生，有賴於外在的物質世界，而在這樣的情況下，我們會談到一個「所緣緣」（an objective condition，對境這個條件）。例如，恐懼心態的產生，或許有賴於一個像蛇這樣的外在對境，但是對於一個內在的苦樂經驗產生來說，也必定要有一個內在的因緣。只有蛇，並不足以引生害怕的經驗，苦樂經驗是基於這兩者而產生的。

內在（心理）世界的因果和外在（非心理）世界的因果，扮演兩者之間的一個重要媒介，就是造作者的意圖，這便是牽涉到業的所在。在心中留下印記，並且成為未來經驗苦樂或悲喜之因的，正是我們的意圖或驅使業行的動機。因此，「業」是內在心理因果網絡的一部分。

我們稍早所討論的佛教的「基」、「道」、「果」三要素當中的每一個，都有因果律運行其中。因果的自然法則是「基」（事物存在方式）的重要面向，而且「道」和最後的「果」兩者，也都有賴於複雜的因果機制。

第二支：業

行為可以是清淨的或是帶有煩惱的，前者就像引發道上各種層次覺悟特質的未受染污的行為（無漏業）。在十二緣起的脈絡當中，「行為」或「業」所指的是尚未覺悟、帶有煩惱的業，它會把我們丟進三有輪迴內的連續投生當中。這個業的種子，是植基於以根本無明為根本煩惱的那些煩惱當中，而且這些煩惱都會導致年老與死亡的結果。就像龍樹在第1偈當中所敘述的：「無明障故，為後有，透過身語意三門」（由於無明的障蔽，以及為了投生，我們造作了三種行為）。換句話說，透由根本無明之力所累積的業行，「引業」（推動一個新投生於輪迴的業）就已經形成了。

業行都植基於無明，但程度並非完全一致，只要我們尚未證得「見道」（透過現觀空性，已經完全洞穿根本無明的障蔽）

之前，我們所有的行為都將被那個無明所染污。但是某些業行，特別是由空性正見、真正的出離心和菩提心所調伏的行為，則有助於引導我們脫離無明，而這些〔行為〕並不會構成第二支。基於觀見每一個事物為如幻、缺乏真實存在的真正理解而形成的業行，全然不同於引發投生於三有輪迴的業行，這和由真正的出離心所驅使的行為是相同的，真正的出離心即是由於辨識到束縛我們並讓自己受苦的是煩惱，而從內心深處產生「我多麼希望能解脫受痛苦所宰制的輪迴三有」的想法。而且，由確保一切有情福祉之菩提心所累積的行為來說，也是如此。上述這些行為所構成的，僅僅是類似於集諦〔但實際上不是真正的集諦〕，而且它們所成熟的「果」可以作為精神修習的順緣。例如，透過能獲得獨特身體之善業，而成為善趣中的人類，它是開發一切相智的基礎，也可以是發起菩提心的一個副產品。（參見《菩提道次第廣論》，宗喀巴大師著，法尊法師譯，台北：福智，2002。頁174。）

簡而言之，第二支「行」——有意志的行為，是以根本無明作為因位動機所累積的、產生輪迴三有的業行。與此相反，基於辨識一切事物為缺乏真實存在〔之因位動機〕所累積的行為，以及由真正的出離心或由無造作菩提心所調伏的行為，則構成了證得「決定勝」的順緣。像我總是會說，一個行為無論是善業或是惡業，都有賴於其背後的動機，同樣地，某個行為究竟是產生輪迴三有或導向解脫，主要是由背後的動機來決定。

從佛教的觀點來看，當我們瀕臨死亡時，心態是非常重要的。你可以說，我們在死亡時的心態操控著自己下一世投生的方向。假如活化的要素是「愛」（第八支）和「取」（第九支），那麼這些便會操控業的路線前往某一個方向。然而，如果活化的要素是悲心或利他心，那將會操縱我們往另一個方向。

有一個來自於鞏湯（Gungthang）仁波切時代，發生在札希奇寺（Tashikhyil Monastery，拉卜楞寺）(17)的故事。一位年老的比丘雖瀕臨死亡，仍長期堅執其性命，鞏湯仁波切前來探視他，看看究竟發生了什麼事，他發現到原來這位比丘深深貪著札希奇寺的美味酥油茶。鞏湯仁波切向這位年老比丘再三保證道：「別擔心！兜率天的酥油茶比這裡的更好喝！」因此，這位比丘顯然能夠放下而平靜地往生了。所以，這裡的問題是，在他死亡時是哪一個業因被活化了？是他對於茶的貪著，還是他想生在兜率天的願望？

像我們一樣，內心受到愚昧與無明所支配的一般人，可以透過如悲心與利他切願（aspiration）等心力，推動其投生。對於佛教修行者來說，在死亡之時讓我們的心態保持為善，尤其重要。這點對於臨終者很重要，而對於圍繞在臨終者周遭的那些人，去營造一個可以鼓勵臨終者開發善心的氣氛也很重要。

第三、四支：識和名色

龍樹繼續說：

【2c-d】若識已入於諸趣，名色二者將形成。

一旦「認知」已經進入〔諸趣〕，

「名與色」（name and form）則逐漸形成。

第三支是「識」（認知），特別是指其上刻劃著能引發新的投生的那種意志行為印記的認知。在彌勒（Maitreya，慈氏）的《大乘經莊嚴論》（*Ornament of Mahayana Sutra*；梵 *Mahayanasutralamkara*）[18]當中提到四類一般型態的投生：（一）由業與煩惱所推動的投生，亦即透過十二緣起支的第十支「有」（becoming）的完成；（二）由悲心所推動的投生；（三）由切願祈禱所推動的投生；（四）由三昧所推動的投生。因此，投生能以不同的方式發生。

無論如何都不要把這裡的認知視為一個自我存在的獨立實體（a discrete entity that exists on its own）。認知總是有賴於一個基礎。在經典（顯教）體系的論典中，認知是基於粗顯的物質身體來解釋的；而在「無上瑜伽密續」中，則把心分辨為粗顯、細微與極細微等層次，而身體也同樣被說成有粗顯、細微和極細微等層次，並且〔依序〕作為三種層次的心的基礎。認知無論多麼細微，在任何情況下都必須依賴身體。因此，當死亡來臨，粗顯身被捨棄時，極細身仍舊和認知密不可分。而基於這個極細身而命名的「我」，也繼續存在，〔和認知〕密不可分。

舉欲界的胎生有情為例，當認知和新的投生結合時，知覺的基礎（前五根）便開始形成。當這個新的粗顯身初次開始存在，所有五蘊就已經存在那裡了。因此，在「名色二者將形成」這句話中，粗身是指「色」（form），而剩下的四個非物質的蘊——受、想、行、識，則稱為「名」（name）。「名色」是十二緣起支的第四支。

第五、六、七支：六入、觸和受

龍樹接著繼續說：

【3a-b】名色二者若已成，則將產生六內處。

一旦「名色」完備時，

「六入」（六內處或六根）[19]便開始形成。

在〔第四支〕「名色」形成之後，人類在母胎中孕育的第一、第二和第三周期間，會浮現六類感官領域或「六入」——眼根、耳根、鼻根、舌根、身根和意根，這「六入」是緣起鏈（十二緣起支）中的第五支。這些感官領域是細微的物質器官或機能，就其本身而言，並非粗顯的物質器官，而且它們介於六塵（六類感官對境，所緣緣）和認識這些對境的六識（眼識、耳識、鼻識、舌識、身識和意識）這兩方面之間，扮演媒介的角色。這六個感官機能稱為可以產生感官認知的「增上緣」（dominant condition，主宰緣）。

【3c-d】依賴六種內處已，即將完全產生觸。

依賴「六入」，「觸」便開始形成。

【4】觸唯依賴眼與色，以及能憶方能生，

亦即如是依名色，而後即將產生識。

「觸」唯有依賴眼根（根）、色處（境）和〔這一剎那的〕認知（識）才能產生；

因此，依賴名（前一剎那的認知[20]）與色（眼根[21]與色處[22]）而產生〔這一剎那的〕認知。

【5a-c】眼根色處以及識，凡此三者聚集者，
彼即是觸。
眼根、色處和〔這一剎那的〕認知這三者的聚合，
就是觸……。

佛教論典似乎指出，當身識接觸到身體的所觸境時，身體的觸覺感官機能（身根）甚至已經存在於子宮了。同樣地，我認為耳識聽到聲音的情況也是如此，至於鼻識認知氣味或舌識認知味道，我就不知道了，但是眼識和可見對境之間則沒有接觸。儘管如此，眼根等這些感覺器官已經在子宮中形成了。在出生之後，要有三個要素，在視覺經驗的情況中，即外色（境）[23]、身為增上緣的眼根（根）[24]和〔前一剎那〕眼識（識）[25]聚在一起，才能讓認識其相關對境的〔這一剎那〕認知產生，其他類型的感官認知則依此類推。而對境（境）、感官機能（根）和〔這一剎那的〕認知（識）聚在一起，則稱為「觸」〔第六支〕。

【5c-d】由彼觸，將遍生起諸感受。
……由「觸」而形成「受」。

〔第七支〕「受」，在此並不是指我們的生氣、嫉妒等複雜的情緒，而是指任何我們經驗某事為樂（愉快）、苦（不愉快）或不苦不樂（捨）的感受。一旦由對境（境）、感官機能（根）和〔這一剎那的〕認知（識）所聚合的「觸」產生，就會成為使

輪迴三有永無休止的因果鏈的一部分，而且「觸」會導致第七支——樂、苦的感受或經驗（受）。

第八、九支：愛和取

龍樹繼續：

【6a-b】*以受為緣有貪愛，為感受故起貪愛。*

以「受」為緣（條件）而有「愛」（craving，貪愛）；人會產生「愛」，是因為有「受」。

基於「觸」而生的「受」，會被執事物是真實存在的想法（實有執）所污染。這些感受依序會產生兩類的「愛」，對於樂受的貪愛，意思就是不想和它們分離（不離愛），以及想脫離苦受的貪愛（乖離愛）。基於這兩種類型的「愛」（第八支），而〔依序〕產生貪著和厭惡。

這裡〔第九支〕「取」（grasping，執取）或「貪取」（appropriation）是貪著（attachment）的一種形式。正如前述，以「受」為緣，「愛」以「想要樂受」（不離愛）和「想要遠離苦受」（乖離愛）這兩種形式產生。為了這些感覺，我們對於感官對境（欲）[26]，或對於自己的各種見解（見），或對植基於無明的錯誤道德（戒禁），產生貪著，因而產生四種形式的執取：（一）對於感官對境的執取（欲取）；（二）對於各種見解的執取（見取）；（三）對於自以為正確之事物的執取（戒禁取）；（四）對於讓人蒙蔽之我見論調的執取（我語取）。這四者被稱為「貪取」，是因為出於確信它們會導致樂受，而去貪取它們，但〔實際上〕它們並不會〔導致樂受〕。這種錯誤的認知和貪取，確保或維持輪迴三有的引擎持續運轉。

簡而言之，諸蘊（身心的組合體）是獲得惡趣的基礎，而當諸蘊碰到適當的情況時，會產生「觸」和「受」；而基於這兩者，產生「愛」，而且從「愛」產生第九支「取」或貪取。

第十、十一、十二支：有、生和老死

龍樹繼續說：

【7】若有近取將遍生：近取者之三有支，
若無四類近取支，則將解脫不成有。
凡有「取」，則執取者的「有」會全面形成。
假如沒有四種「取」，則將獲得解脫，而不會有「有」。

第二支或意志的業行，在行為完成的那一刻停止。至於第十支「有」，如稍早所解釋一般，我們也可以從業行的瓦解或該業之習氣的觀點來理解。無論如何，「有」或「存有」（existence）就是業的種子，現在被「愛」和「取」所活化，因此轉變為肯定會帶來（第十一支「生」）的「有」這個強而有力的能力。這個「有」屬於業或因的範疇，但是因為它是緊緊位於其果，亦即「新的存有」（第十一支「生」）之前的業的〔習氣的〕狀態，因此「有」是以其果（新的存有或第十一支「生」）的名稱來命名（亦即在即將感果的「業種」這個因上，安立「有」這個果名）。「有」是處在潛能已達充分成熟，且即將產生結果之業種相續的狀態。

【8a-b】而彼有支即五蘊，從三有支有生支。

「有」也是五蘊，而從「有」出現「生」。

如我們所見，業行是透過身、語、意所造作的。在這三種類型的行為當中，身行和語行屬於色蘊，而意行則屬於受蘊、想蘊、行蘊和識蘊等其他四蘊。〔第十支〕「有」或存有（業的習氣或業的種子）是五蘊的果，而且從這樣的「有」形成第十一支「生」。

佛教經典談到四種類型的生——胎生、卵生、濕生和化生。當然，前兩種是普遍可以觀察到的，但是濕生則需要進一步的探究，而化生則是指所有感官機能都已成熟的型態同時出現的一種「生」。在「從『有』出現『生』」這句話中所提到的「生」，我認為是從胎生的觀點所作的說明。在胎生當中，這一支的第一剎那是受孕的那個剎那，也就是〔前一世的〕認知進入受精卵的時候。

【8c-d】及老死支與憂苦，及發哀號之痛苦。

衰老、死亡，以及憂傷、悲哀、痛苦等等。

【9a-b】意不樂與諸擾亂，彼等由生所出生。

還有不快與煩亂，這些皆由「生」而來。

在「生」支之後產生「老」支（第十二支的第一個部分），身心諸蘊在此成熟並隨不同階段而變化。第十二支的第二個部分——「死」，產生在連諸蘊的同類相續（意指諸蘊的相續構成了生物的身心要素）都要被捨棄的那個階段。而且，即使當我們活著，內心也會經歷痛苦，口中發出哀嘆，而且身上遭受疼痛。或者，這句話也可以讀作在說明：總的來說，因為「生」，我們經驗到憂傷；而從別的來說，則發出哀嘆，身上的疼痛、心中的不快與煩亂將全面接踵而至。

【9c-d】如是即將產生此：純大痛苦蘊聚集。

所要形成的，唯有純大苦聚（一堆痛苦）。

龍樹在此提到「大苦聚」（一堆痛苦），這個表達可以在討論「緣起」的一部經典[27]當中看到，而且我相信龍樹在此使用同樣的表達方式。以根本無明作為其因，而以貪、瞋為其助緣的這些蘊的組合，從出生一直到生命結束為止，均受到痛苦的宰制。不僅如此，因為諸蘊是製造未來生生世世中更多痛苦的工具，因此我們會不斷地排拒自己所渴望的幸福，並且持續受到不欲的痛苦所折磨。眾生以這樣的方式深陷在流轉三有之輪中，因此被稱為「大苦聚」。在顯而易見的苦（苦苦）、變異之苦（壞苦）和受條件制約之苦（周遍行苦）這三種苦當中，佛陀表達的「大苦聚」中，所指的主要是受條件制約之苦（周遍行苦）。

逆序中的十二緣起支

接著，龍樹以逆序來說明十二緣起支：

【10】輪迴根本即行支，故諸智者不造行，
故無智者是造者，智者親見彼性故。
輪迴三有的根本是「業行」。
因此，智者不會造作〔以無明為動機之〕「業行」，
而無智者則是造作〔以無明為動機之業行〕者；
而觀見真如（空性）的智者則不是〔造作以無明為動機之業行者〕。

藉由「不造作業行（即被無明所污染的行為）的有智之士如何不會持續於三有中輪迴」的這段敍述，這首偈頌暗示了有關十二緣起支逆序的解釋。在探究從無明到老死的緣起順序之後，我們或許會納悶，我們所負荷、持續陷自己於不幸（第十二支「老死」）的諸蘊組合的重擔，其根源是什麼？這都是因為由業和煩惱而取受具有這些蘊的「生」（第十一支）。我們得到這些蘊，並非出於自願和選擇，我們毫無自主地受到諸蘊的因——「有」（第十支）——所支配。「有」只需要在心續中成立，我們便毫無選擇而必須受生。「有」要成立，又有賴於透過「愛」（第八支）和「取」（第九支）來活化我們的「業」（第二支）。而「愛」和「取」的形成，同樣也需要我們把樂受或苦受（第七支）執為真實存在。而這樣的「受」的產生，則又取決於所遭遇的合意、不合意或中性的對境，這就是「觸」（第六支），亦即對

境（境）、感官機能（根）和認知（識）的聚合。這樣的「觸」，依序需要「六入」（第五支）的充分存在，而後者又有賴於「名色」（第四支），換句話說，即五蘊。

當「名色」被無明所推動時，它會變成產生痛苦的基礎。但是當「名色」被愛他勝自（把別人看得比自己珍貴）的菩提心這種要素所推動時，它們大概不會變成痛苦的基礎。因此，對於構成第四支的名和色而言，它們必然是被會產生痛苦的那些因所推動的。

由「名色」為始的諸支，[28]被稱為「所引果」（propelled effect），而「名色」的產生，需要「能引因」（propelling cause）的存在。[29]什麼是「能引因」呢？佛陀指出前三支為能引因，即第三支「識」、第二支「行」和第一支「無明」。簡而言之，「名色」是基於其上刻劃著業的印記（習氣）的「識」而形成的；而「識」要產生，則必須累積由無明所引發的行為——善業或惡業。該無明雖然可以是指暫時對於業果法則的無明（業果愚），但是究竟的因或根本無明，則是執著真實存在的這個誤解（真實義愚）。

這也就是為什麼當我們透過推論去解釋十二緣起支時，其根源會被追溯到無明的理由。例如，當聖提婆說明底下的「『認知』是輪迴三有的種子」時，他主要是指無明為該認知的核心：

識爲諸有種，境是識所行，見境無我時，諸有種皆滅。[30]

認知是存有（輪迴三有）的種子，而對境則是它（認知）所經驗的領域。當看見對境的無我時，輪迴三有的種子將會停止。

十二緣起支如何完成？

十二緣起支的一個循環是有始有終的。對於單一循環而言，我們可以瞭解如下。

目前我們正經驗著引發身體存在之業的結果，而所累積的這個意志行為，則是基於特定情況的無明。因此，我們處在由引發自己目前存有的「無明」為始，並且將會持續到「老死」開花結果為止的十二支的循環當中。從我們今早醒來一直到現在的這段期間，「我存在」（I am）的這個想法持續不斷地產生。這個想法的產生，是基於誤認諸蘊為真實存在，並且這樣去執著它們。因此，在日常生活當中有無數個情況，我們會誤認並執著身心諸蘊具有真實的存在，進而作為產生執著「我」和「我存在」的基礎。

在一些例外的情況中，對於「無我」已經開發強而有力之瞭解的人們，當「我存在」的念頭一產生，他們便會想到這個「我」並非真實存在。同樣地，當碰到色、聲等外在對境時，他們辨認到這些並非以呈現至內心的方式存在。[31]但是，對於我們當中大部分的人而言，這是困難的。在空性見尚未培養至熟悉程度的情況下，「事物是自性存在空」（things are devoid of intrinsic existence）的這個念頭或許偶爾會出現在我們內心，但是不可能每一剎那都想起這點，而且我們當然無法活到它充分暗示的那個時候。

對我們而言，從早上睜開眼睛的那一瞬間起，直到現在這一刻，我們因為執著自我存在而感到煩惱。執著「現象的自我存在」是這些煩惱的基礎，而執著「『我』的自我存在」則是催化劑。這些煩惱就像貪、瞋，或許是粗顯的，但它們也有可能是更細微的。受到這些煩惱所驅使，我們透過身心去從事各式各類的行為。

簡而言之，在單一循環的緣起完成前，甚至僅在一剎那的時間內，無明便啟動許多新業的循環，而深植印記（業的習氣）在我們的認知之上。因此，我們透過無明所累積並深植在認知上的第二支「行」（有意志的業、業行），其數量遠超過我們所能計算。這個已大量貯存，一旦遇到必要條件便準備好帶來「有」的業的印記中，其中一個〔業的印記〕會在臨終時，受到第八支「愛」和第九支「取」所活化。[32]當「有」以這樣的方式產生時，無明、業（行）和認知這三個能引支（propelling links）可以說已經感得其結果（所引果）[33]。

因此，雖然我們會說十二緣起支單一循環的開始和結束，一般而言是在單一循環的「老」和「死」之內，以及在單一循環的「觸」和「受」之間，但是由於無明，我們累積許多新業。而且，因為對於「我」的執著是如此地遍布、持續，因此我們可以推測，像貪和瞋等這些煩惱的產生，甚至也可以回溯至嬰兒時期。因此，從在母胎時期直到現在，我們已經持續不斷地造作了新業。[34]

順著上述句子去思考，可以讓你去辨識到：無明或對於真實存在的虛妄執著，才是你真正明確的敵人。假如你不為這個虛妄的見解背書，而基於思惟空性去挑戰它的話，那麼在你心中才會產生一個名副其實的結果（亦即根除無明）。而無論如何，這個虛妄的真實存在的執著雖然強而有力，但它畢竟只是一種扭曲的心態而已，而且有強而有力的對治法可以對治它，記得這點是很重要的。假如你以這個方式去思惟，才會有能寄予厚望的真正的因。否則，情況依然相當無助，而且當你仔細去反思傑・宗喀巴在他的《聖道三要》中所說的：「陷入我執鐵網牢籠中，復被無明漆黑遍籠罩。」（他們深陷於我執的鐵網中，他們被無明的濃霧所籠罩。）[35]你將在苦悶當中感到絕望並且嘆息。

真正希望的基礎，蘊含在底下這些引自於《中論》和《中觀四百論》（梵*Chatuhshatakashastrakarika*）的句子當中：

凡依因緣而起者，解釋彼爲自性空。[36]

凡是依賴而生（緣起）者，就可以把它解釋為自性空。

以及：

若誰略生疑，亦能壞三有。[37]

只要對於這個〔空性的〕教法產生一絲疑惑（符合事實的疑惑），便將可以把輪迴三有撕成粉碎。

簡而言之，想想我們透過十二緣起支而在三有的循環中流轉的情況，可以讓我們辨識到輪迴三有是永無止盡的，而真正的敵人或讓我們墮落的根本原因，就是被視為根本無明的虛妄分別。

沒有了空性的見解（空性見），那麼，即使是為了長壽和健康而念誦咒語，仍會讓我們繼續在三有的循環中流轉。同樣地，源自於希望下一世生在善趣而實踐的善行，依然是苦的源頭與輪迴三有的因。這樣的行為沒有任何一個可以是證得解脫或一切相智的因，當動機是希望投生善趣時，即使是修習禪定也還是繼續輪迴三有的因。就像傑．宗喀巴在《菩提道次第廣論》中所寫的：

除非透過福田力的這種例外情況，否則你的善行將持續構成典型的痛苦來源，並且將爲輪迴三有添加燃料。[38]

所以，我們才會在龍樹的《中論》讀到：「故無智者是造者，智者親見彼性故。」（無智者是造作〔以無明為動機之業行〕者；而觀見真如的智者則不是〔造作以無明為動機之業行者〕。）

龍樹基於人們是否已見或未見緣起的真如，來分辨智者與無智者。一般愚昧無知的有情，因缺乏根本無明之對治法或一個值得信賴的對治法，所以是鑄下推動他們不斷投生於三有輪迴之業的作者。

《中論》繼續解釋息滅無明的必要性：

【11a-b】無明設若已遮遣，將不遍起諸行支。

當「無明」已息滅之時，「業行」將不會產生。

為了回答「要如何才能終結這個無明？」這個問題，《中論》說：

【11c-d】無明所以被遮遣，乃因認知修彼性。

「無明」要透過洞悉並觀修真如，方能息滅。

我們不能透過觀修慈與悲來息滅無明，也無法透過觀修世俗菩提心來息滅無明。就像這幾句所說的，我們必須確定地瞭解自己的無明所執著的真實存在，其實全然是不存在的。光是由聚焦於空性的聞、思、修所衍生出來的這個瞭解還不夠，我們還必須在自己的直接經驗中，現證這個真正確定的空性。這就是上列偈頌的意義。

息滅的順序

接著，龍樹的《中論》提出十二緣起支息滅的順序。它說：

【12】由已遮遣彼與彼，故彼與彼不現行，
彼純痛苦蘊聚集，即將如是遍遮遣。
透過息滅這個和那個（前前支分），
這個和那個（後後支分）便不會出現。
以這種方式，整個大苦聚便可以完全息滅。

在此的意思是，當第一支「無明」終止時，有意志的行為（行），以及業的印記遺留其上的認知（識）也會息滅，不會再產生。但是，一般而言，在沒有無明和有意志行為的情況下，認知的相續仍會持續著。這樣的認知本身是中性的，能夠作為清淨印記（清淨習氣）的基礎，就像一匹可以染成黑色或紅色的白布一般。

要讓十二緣起支的單一循環窮盡，要花費多少世？如果快的話，在兩世之內便可窮盡，而慢的話，則需要三世。底下是為什麼是這樣的理由：在一世中，一個人累積了由「無明」所發動的

意志行為（行）。這個意志行為〔的印記或習氣〕一旦深植於認知（識）當中，或許可以在相同的那一世當中被「愛」和「取」所活化，而讓第十支「有」形成。隨後緊接著在下一世中，由於「有」，在產生「生」的同時，也帶有「名色」，在這個之後，跟隨其餘諸支，包括「六入」、「觸」、「受」和「老死」。當它們以如上這種方式產生時，十二支會橫跨二世發生。[39]但是，深植於因位識之上、由無明所發動的業行，其印記在同一世中感果而形成「有」的這種情況並不常發生。這個過程經常會被中斷，而且只有在未來某一世中，這個印記才會碰到必須透過「愛」與「取」來活化的條件；只有在那個時候，「有」才會產生。然後，緊跟著在第二世中完成的「有」之後，從「生」至「老死」的其餘諸支，則在第三世中完成。這就是十二支的單一循環如何跨越三世期間發生的情況。[40]

有些經典基於如何經驗其結果來區別三種類型的業。首先，有「現法受業」（在這一世將會經驗其結果的業），亦即前半生所造，而其結果會在後半生成熟的業。[41]而十二支在兩世當中窮盡的例子中，屬於這個循環一部分的意志行為，就是所謂的「順生受業」（將在下一世經驗其果報的業）。最後，在十二支於三世中完成這個脈絡中的意志行為，則被稱為「順後受業」（即將在下一世以後經驗其果報的業）。[42]

3

「我」和「無我」的分析

「無我」的類型

十二緣起支的教法對於所有佛教傳統而言，都是共通的；但是，對於中觀學派而言，十二支的解釋、它們的過程，以及特別是第一支「無明」的解釋，則不共於其他哲學學派。

其他學派把「根本無明」定義為「補特伽羅自存的執著」（grasping at the self-existence of the person）[1]。「補特伽羅自存的執著」意思是，相信有個異於身心或諸蘊方式而存在的「我」。這樣的「我」被認為就像一個主人，掌控構成補特伽羅的所有身心成分[2]。

關於這個信念，七世紀印度佛教哲學家法稱（Dharmakirti）在他的《釋量論》（*Exposition of Valid Cognition*；梵*Pramanavarttika*）當中，提出一個例子來說明：有一位老人，他的身體衰老而且全身病痛，假如他有機會用身體換取另一個更健康的身體的話，那麼從他內心深處將隨時有意願參與這樣的交換。這點暗示了：本質上，我們相信有異於身體的一個「我」，而且以某種方式主宰著它（身體）。

同樣地，假如一個記憶力不好或有某種其他心智缺陷的人，有機會用自己的心去換得更好的認知能力的話，也會從內心深處產生一個真正想從事這項交易的意願。這意味著：我們不僅想交換身體，也想交換心智機能，而且相信「我」可以從交換中獲得利益，因此就某方面而言，「我」是身心的支配者或主宰者。

〔中觀學派以外的〕其他學派把「〔補特伽羅〕自存的執著」定義為：相信有這種〔與身心〕分離的「我」，亦即一個自成的、本質為真實的主宰者，它監督身心這個奴僕。對於他們（中觀學派以外的其他學派）而言，否定這種「我」，就是「無我的性質」（selflessness）或「無我」（no-self）的完整意義。當我們透過探究「我」跟身心諸蘊是分離的（異）還是一體的（一），而去尋找這樣的「我」時，會發現沒有這樣的「我」存在。因此，其他學派對於十二緣起支的解釋，是把「根本無明」定義為：對於這種自成的、本質為真實之「我」的執著。

中觀學派大概會同意：獲得〔其他學派〕這種「無我」的洞見，的確為逆轉輪迴打開通路。但是，就像龍樹所指出的，這樣主張的「無我」還是某種形式的我執，因為它還未觸及最細微的「無我」義。透過洞悉這種粗顯形式的「無我」，你可以遣除那些跟比較粗顯煩惱有關的習性，但是只要還執著身心諸蘊為自性存在，那就一直會有執著以諸蘊為基礎之「我」的危險。就像龍樹在《寶鬘論》（*Precious Garland*；梵*Ratnavali*）中所寫的：

> 只要對於諸蘊還有執著（蘊執）[3]，則仍然會對「我」有執著（我執）[4]；當我執還存在，就會造業，並且由此而受生。[5]

龍樹主張：正如「認為補特伽羅或『我』為自性成立的執著」[6]是「根本無明」，同樣地，「認為諸蘊為自性成立的執著」也會執〔補特伽羅或我〕為自存。因此，中觀學派分辨兩種空性，亦即把「任何異於諸蘊的『我』為空」稱為「我空」，而把「諸蘊本身，甚至一切現象缺乏自性存在」稱為「法空」。[7]龍樹及其追隨者主張：瞭解第一種空性，或許可以暫時壓制現行的煩惱，但它絕對無法根除認為事物為自性成立的執著。為了從最細微的層面來瞭解第一支「無明」的意義，我們必須辨認並理解它是「視一切現象為自性存在的執著」，其中的「一切現象」包含諸蘊、諸根和一切外境，而不只是我們對於「我」的感覺而已。

相對的「我」

除非更早，否則大約三千年前左右，在印度或許已經開始尋找這個不要痛苦而希望獲得安樂的「我」或「自己」（self）的本質了。貫穿整部人類歷史，人們已經憑經驗觀察到特定類型的強烈情緒，例如瞋恚和極度的貪著會產生問題。瞋恚的產生事實上來自於貪著，例如貪著自己的家人、社會或自己。而當這些事物受到威脅時，極度的貪著會引生氣憤或瞋恚；然後，氣憤會導致各種衝突與爭執。有些人則退一步觀察，並且探究這些情緒所扮演的角色、功能、價值和結果。

我們可以討論例如貪著或生氣等強烈情緒本身，但是實際上我們無法從個人經驗的狀態中，將這些情緒隔離出來而單獨理解它們，它們除了作為某種存在的經驗外，我們無法想像它們長什麼樣子。事實上，我們甚至不能把貪著、生氣或瞋恚的對境，從認為它們是如此的個體當中抽離出來，因為這個特性（即貪著、生氣或瞋恚）並不存在於對境當中，某人的朋友可以是另外一個人的敵人。因此，當我們提到這些情緒，特別是它們的對境時，我們無法不管其關係，而做客觀的確定。

就像只有在相對於其他人的情況下，我們才可以說某某人是母親、女兒或配偶。同樣地，起貪或起瞋的對境，只有對於正在經驗貪著或生氣的感受者而言，才會覺得它們值得擁有或令人厭惡。母親或女兒、敵人或朋友，所有這些措辭都是相對的。重點是，在我們瞭解這些情緒的動態性質之前，它們都需要一個所指涉的架構，也就是經驗它們的「我」或「自己」。

一個懂得思考的人當然會問：個體或「我」的本質究竟是什麼？而一旦提出這個問題之後，這個問題會導致另外一個問題：這個「我」在哪裡？它可以存在於哪裡？我們都認為「東」、「西」、「南」、「北」這些術語是理所當然的，但是假如我們仔細地檢視，便會再次看到它們還是相對的，也就是說，在相對於其他事物的情況下，才有意義。很多時候，參考點就是你所在之處。事實上，我們可以主張，依佛教的世界觀，輪迴三有的中心基本上就是你所在之處。因此，就某個意義而言，你自己本身就是宇宙的中心。

不僅如此，而且對於每個人而言，自己本身就是最珍貴的事物，而且我們不斷地致力於保護這個最珍貴的事物。就某個意義而言，我們在世上的職責便是去照顧這個珍貴的內在核心。無論如何，這就是我們傾向於連繫世界與他人的方法。我們創造一個以自己為中心的宇宙，而從這個參考點，我們跟世界的其他部分搭上關係。有了這層瞭解之後，再去問「我」是什麼才會變得更重要。「我」究竟是什麼？

佛教徒提到「輪迴」（samsara）與「涅槃」（nirvana），也就是輪迴三有及其超越。如我們所見，前者可被定義為「對於實相究竟本質的無知」，而後者則是「瞭解或洞悉實相的究竟本質」。只要持續地昧於實相的究竟本質，我們便處在輪迴的狀態；一旦洞悉實相的究竟本質時，我們便朝涅槃或超越未覺悟的三有前進。輪迴與涅槃是在所知（認識的對象）的基礎上所作的區分，但是此處，我們不能只談所知，而不提及擁有所知或不具所知的個體。我們再次回到關於「我」的問題。「我」的本質究竟是什麼？

這類型的探究在時間上早於佛陀，在佛陀出世以前，這樣的探究在印度就已經很普遍。在他教導之前，主流的信仰是：每個人都有一個與生俱來的「我」的感覺——一種自然本能的「我存在」的想法，因此，必定有身為真實「我」的某種持久的事物。而因為構成我們存在的身心機能是短暫的，它們會改變、衰老，然後有一天會終止，所以，它們不能夠是這個真正的「我」。假如它們是真正的「我」，那麼，我們對於以某種方式獨立存在，且是身心主宰者的一種持久「我」的直覺，將會是錯誤的。因此，在佛陀以前，認為「我」是獨立的、與身心機能分離的這種概念，[8]普遍為大眾所接受。

與生俱來的我執[9]被這種哲學思考[10]所強化，這些印度哲學家堅稱「我」並不會經歷變化的過程。我們說：「當我年輕時，我喜歡這個」，而「當我年紀大一點時，我會做這個」。那些哲學家聲稱這些敘述意味著，在我們生命的不同階段裡，自始至終都有一個構成我們身分的不變體性存在。

這些思想家也堅稱：因為高度開發的觀修者可以回憶起他們的過去世，因此這點支持他們認為「我」會從一世而至下一世受生的立場。他們主張這個真正的「我」是不變而且永恆的，並以某種方式獨立於身心諸蘊之外。這是佛陀以前主要的輿論看法。

佛陀對於這個立場持反對意見。他說，我們認為有一個與生俱來之「我」的這種直覺不僅是錯覺，而且鞏固並強化這種信念的哲學教義，也是一切錯誤見解的根源。因此，佛教經典指出，認為有「我」的這種信念，它本身就是「迷惑者——魔羅（梵Mara，魔）——的心」（魔心），也就是「錯覺的體現」（embodiment of delusion），而且是所有問題的來源。佛陀駁斥這個以某種方式獨立於身心以外之「我」的概念。

這是否意味著無論就什麼意義而言，「人」（補特伽羅）完全不存在？佛陀回應道：「人」的確是存在的，但是只有在觀待並依賴身心諸蘊的情況下才存在。因此，唯有把個體（我）視為一個依存體，而非視為一個獨立絕對的真實，才能承認其存在。

因此，佛教的哲學學派一致同意：異於身心獨立的「我」，[11]是找不到的。然而，當我們說「我做這個」或「我做那個」時，「人」真正所要指涉的是什麼？然後，「人」究竟是什麼？在佛教學派中，關於這個依存的「人」，其本質的精確辨認，有各種不同的看法。假設他們都承認跨越生生世世的三有（存在）的話，那所有佛教哲學學派都會排除以身體的相續來構成人的相續。因此，見解上的差異，都圍繞在認知的相續或許可作為定位「人」或「個體」的這個基礎上。

在《寶鬘論》的一段文字中，龍樹藉由解釋「人」不是地元素、水元素、火元素、風元素、虛空或認知，來仔細剖析「人」的概念和它的體性。而且他提問：離開這些之外，還有什麼東西可以是「人」？對此，他回應道：「人」是以這六個成分聚合的方式存在。[12]「聚合」（convergence）是個重要的語詞，因為它暗示了「人」和這些成分是以互相依存的方式相互影響。

我們要怎麼瞭解「依賴」（dependence）這個概念？去思惟月稱注釋龍樹《中論》的一段敘述會有幫助，其中可發現到如下有關如何從緣起的觀點來理解「佛」（如來）的明確解釋。月稱寫道：「然後，它（如來）是什麼呢？我們依賴諸蘊而安立如來，因為不能主張它（如來）是等同〔諸蘊〕或異於諸蘊。」[13] 月稱的重點是，假如我們深信自己可以精確定出某種真實的事物，也就是某種事物從它自己方面是客觀真實的，是可作為術語或概念有效的指涉對象而存在，而在這樣的情況下去尋找該物的實質（essence）的話，那麼，我們將無法找到任何東西。

時間和「我」

在我們日常的互動當中，經常會提到「時間」，我們都把時間的真實性視為理所當然，假如要去追究時間究竟是什麼的話，可用兩種方式來做。一種是以「我們應該能發現可被定義為『時間』的某種客觀的真實事物」這種信念去尋找，但是我們馬上便會碰到問題，我們會發現，「時間」只能基於跟特定現象或事件有關的其他事物來瞭解。另一個方式，則是在相對的架構中尋找，而不預設有一個客觀真實的體性。

舉「現在」為例，我們相信應該能夠在時間序列當中找到客觀的「現在」這個獨一無二的實體，但是假如去尋找「現在」的話，卻無法發現任何事物。當我們仔細去探究這個時間序列時，反而會發現事件要不就是已經過去，要不就是尚未發生，我們只能發現過去與未來。沒有一件事是真實的現在，因為尋找它的過程本身就是一個時間序列，意思就是必然一直處於從「現在」〔往過去〕移動的狀態。

另一方面，假如我們在日常慣例的相對架構中尋找「現在」，我們可以維持「現在」的概念。例如，在「許多年」這種較寬廣的脈絡底下，我們可以說「今年」；在十二個月份的脈絡底下，可以說「這個月」；同樣地，在那個月當中，可以說「本周」等等。在這個相對的架構中，我們可以前後一貫地維持「現在」這個概念，但是假如要找一個本質上存在的「真實現在」（a real present），是找不到的。

就是透過這種方式，在無須尋找身為「我」的某種客觀、自性真實的補特伽羅的情況下，我們可以在世俗或相對架構當中，確定「人」的存在。我們可以維持一種常識概念，那就是認為「人」或「個體」是跟構成我們特殊存在的身心機能有關。

由於這點，我們發現在龍樹的《中論》中提到「事物」、「事件」或「現象」，都只有在貼上標記或在語言和名稱的架構下才存在。在「客觀真實存在」（objectively real existence）和「名義上的存在」（nominal existence）這兩種可能的存在方式中，如前所見，客觀真實存在是站不住腳的。因此，我們只能在世俗或名義上，也就是在語言和共許為真的架構中談論「我」。簡而言之，一切現象僅僅依賴於它們的名稱（透過世俗約定的力量）方能存在，因為它們並非以客觀的方式存在。因此，在《中論》中，種種現象被視為是「唯名者」(mere terms)、「唯由分別心建構者」(mere conceptual constructs）和「唯是約定俗成者」(mere conventions）。

「我」的尋找

在第18品一開頭，龍樹寫著：

【1】設若諸蘊即是我，應成具有生滅者；
設若我異於諸蘊，應無諸蘊之特性。
假如「我」是諸蘊，那它將會有生有滅；
而假如它異於諸蘊，那它將不具有諸蘊的特質。

假如要去尋找一個客觀且本質真實的實質的「我」，那我們必須確定這樣的「我」是否等同於諸蘊，或是異於諸蘊的某種事物。假如這個「我」等同諸蘊，那麼它就會像諸蘊一般，受到生與滅的宰制。舉例來說，假如身體進行手術或受傷，那這個「我」也將受到切割或傷害。另一方面，假如這個「我」完全獨立於諸蘊之外，那麼便無法解釋「我」當中的任何變化是基於諸蘊當中的變化，就像〔我們無法解釋為什麼〕一個人最初年輕後來變老，以及最初生病後來健康一樣。

此外，龍樹還說：假如「我」和諸蘊是完全不同的話，我們便無法解釋基於諸蘊而產生我執的情況。舉例來說，假如身體遭受威脅，我們將不會經驗到強烈執著「我」的這種結果。身體在本質上是一個無常的現象，總是一直在變化，但是我們對於「我」的概念，卻認為它是不變的，因此，假如身體和「我」的確是分離的話，我們應該絕對不會把這兩個混淆〔，但事實不然〕。

因此，不論是在諸蘊之外或諸蘊當中，我們都無法找到可稱之為「我」的任何可觸及或真實的事物。龍樹接著寫道：

【2a-b】設若非有我本身，豈會形成有我所？
假如「我」本身不存在，
那怎麼會有「我的」（我所）呢？

「我的」（mine，我所）是「我」的一個特性，因為「我存在」（I am）的想法即刻會產生「我的」的想法。執著於「我的」，也是我執的一種形式，因為「我的」會去執著跟「我」有關的對境。它是我見的一種變形，它把所見的每件事都跟自性存在的「我」連繫在一起。事實上，假如不從「我」的觀點來思考的情況下，去檢視自己認知周遭世界的方式，我們不能說世界是好與壞或輪迴與涅槃，完全不能說任何事。一旦這個「我」變得站不住腳時，我們在區分「自己」與「他人」、「我的」與「不是我的」這個基礎上，這樣對世界所作的整體瞭解就會瓦解。因此，龍樹寫道：

【2c-d】息滅我與我所故，將無我執我所執。
因為止息「我」與「我所」，

因此，吾人不會去執著「我」與「我所」。

因為止息「我」與「我所」，因此不會對它們產生執著。這段內容和聖提婆的《中觀四百論》當中的一段正好相互輝映，其中，他說：「見境無我時，諸有種皆滅。」（當看見對境的無我時，輪迴三有的種子將會停止。）(14)

【3】凡無我執我所執，此外亦非有自性，
由於我執我所執，觀無自性故不見。
不執著「我」與「我所」的人，
則這個人也不〔以自性真實〕存在，
因為不執著「我」與「我所」的人，
並不會意識到他〔自己為自性真實〕。

換句話說，已經停止執著「我」與「我所」〔為自性真實〕的瑜伽行者本身也不是自性真實。假如你相信這樣的瑜伽行者為自性真實，那你也仍舊執著「我」（自性存在）。一個已經確定無我及其屬性的人，心中無有一切概念戲論，就像必須停止執著「我」與「我所」。同樣地，對於已經停止這種執著的瑜伽行者，也必須停止執著〔他自己為自性真實〕。因為兩者（我、我所與瑜伽行者）皆無自性存在。

這裡的重點是，我們不應該片面地瞭解空性，而使自己僅否定某些事物的自性存在，其他卻不然。對於空性，我們必須開發甚深的理解，確認無自性存在可以涵蓋整個實相範圍，而全然離於任何概念戲論。這個理解，就是無所肯定的否定或單純否定自性存在的理解。

斷除輪迴三有的因

龍樹繼續說：

【4】若於內外諸法上，盡除我與我所想，
則將滅除諸近取，由盡彼故生亦盡。
當有關內在與外在的「我」與「我所」的想法息滅時，
「取」的過程便停止；只要這個停止，「生」便停止。

這牽涉到我們已經討論過的十二緣起支。「外在」和「內在」在此可以理解為「即蘊我」（self among the aggregates）或「離蘊我」（self apart from the aggregates）的概念。當停止執著「我」與「我所」時，因為有關內、外現象的業的習氣（業習）不再被滋潤，因此，十二緣起支中的第九支「取」或貪取就不會發生，我們將不再執著這些令人愉悅的對境，或鄙視不吸引人的事物。雖然，我們或許會繼續具有業習，但是它們不會再被「愛」和「取」所滋潤，而當這種情況發生時，輪迴三有中的第十一支「生」便不再發生。這就是停止「生」的意思。

因此，當我們深化對空性的理解時，推動我們再次投生於輪迴三有的業習便會暗中瓦解。當我們現觀空性時，就像在《釋量論》（*Exposition of Valid Cognition*）當中所說的：「對於親見四諦的人而言，沒有引發投生〔輪迴之新業〕[15]。」(16)換句話說，一旦我們對空性獲得直接的瞭解（現觀），便不會再累積推動再次生於輪迴三有的業。當我們逐漸加深直接的瞭解而充滿於整個經驗，並斷除這些煩惱時，我們最終會完全去除執著自性存在的這個根源，並且切斷再次投生於輪迴三有中的相續。這是真正的自由或解脫，在這種情況下，我們不會由於無明而再造新業，也沒有滋潤舊業的那些外緣存在，而且一切煩惱已經被從根摧毀。因此，龍樹寫道：

【5】業惑盡故得解脫，業惑來自妄分別。
彼由戲論所衍生，戲論將由空性滅。
當業和煩惱已經止息時，則有解脫；
業和煩惱來自於概念分別，
這些〔概念分別〕又來自於戲論；
而透過空性，將止息戲論。

他在此對於因果關係的動態原因給予一個更細微的解釋。由於業力而於輪迴三有當中投生，業來自於種種煩惱，而煩惱則源自於關於對境的錯誤投射（false projection，非理作意）。上述偈頌當中的概念分別（梵vikalpa）是指錯誤的投射，而這些錯誤投射依序又來自於概念戲論（梵prapañcha），特別是指那些認為對境自性存在的執著。當透過洞見空性，而止息執著自性存在的這種概念戲論時，這整個連鎖關係則被摧毀。透過這點，可以讓我們清楚看出輪迴三有形成（流轉）和息滅（還滅）的過程，其先後的順序為何。

我們可以看見龍樹在《中論》的這一品裡，解釋要如何達到所謂的「滅」（第三聖諦）。如前所解釋的，透過現觀四諦可終止再造新業，而這個階段被稱為「見道」。在這個階段，各種「見所斷對境」（objects of relinquishment）[17]，例如真實存在的信念，會被斷除或終止，而這是第一個階段的「滅諦」。後來，當完全斷除所有煩惱並成為阿羅漢時，我們將證得最後一個滅諦。[18]

說明第四聖諦

截至目前為止，我們已經檢視四聖諦的前三個：輪迴的苦（苦諦）、由十二支而輪迴之苦持續不斷的情況（集諦），以及滅諦。要描述第四聖諦或道聖諦，我們會問：「我們要如何觀修聖者們在現觀空性時所見的『無概念戲論』?」龍樹《中論》第18品的其餘內容和第24品，都在說明此道的修行方式。

一般而言，當我們碰到像「概念戲論」這樣的術語時，必須牢記在心的是，在不同語境當中，它們指的是不同的事物。例如，「概念戲論」可以是指「自性存在的執著」（顛倒心），而它也可以是指由這種執著經由概念建構出來的對境，這種概念形塑、虛構的對境，甚至在世俗層次當中也不存在，而這些概念戲論正是在空性的觀修當中所要否定的對境。「戲論」也可以是指「空所依事的概念」（conception of things that are empty），如我們底下即將討論的，空性只和「空所依事」（藏stong gzhi；empty thing）有關，空性在這個基礎（空所依事）上被確立，而它（空所依事）本身必須存在。因此，「戲論」也可以只是指「存在」（existence）。最後，我們可以在所謂「八戲論邊」（elaborations of the eight extremes）——生與滅、斷與常、去與來、一與異——這個語境中看到「戲論」這個術語。因此，「戲論」一詞可以指許多事物。

在這裡的前後文脈中，「概念戲論」是指「執一切現象為自性存在的心」。(19)當龍樹在這裡寫著，這個概念戲論「透過空性而止息」，他所要表達的意思是，證悟空性的智慧——而不是空性本身——直接對治這個執著（執一切現象為自性存在的心）的認知模式。無明執著一切現象為自性存在，而證悟空性的智慧則「否定」一切現象為自性存在。這兩種心態（證悟空性的智慧與無明）均聚焦於同一個對境，但是卻以戲劇般全然相反的方式來看待它。因此，藉由證悟空性可以斷除執著。

我從色空（Serkong）仁波切那裡接受到龍樹所有六部分析著作(20)的口傳與注釋，而從昆努（Khunu）仁波切那裡接受其中五部的口傳。昆努仁波切梵文讀得非常好，他根據梵文為我解釋最後一句「戲論將由空性滅」，可以有不只一種的解讀方式。當這句話被譯為「透過空性，將止息概念戲論」時，是以「工具格」（instrumental case）[21]來解讀，正如我前面所描述的，我們知道它要表達的是，「藉由」（by means of）證悟空性可以終結概念戲論。但是，它也可以用「場所」（locative）這層意思來解讀，在這個格位（場所格）[22]中，所要表達的是，「在」空性「當中」終止一切概念戲論。換句話說，因為我執無明是一個心所，因此當它誤解整體現象的同時，也誤解了心自己的本質（心的本質是清淨光明、無自性），而當你證悟空性時，便獲得洞見心真正本質的睿智。當這個情況發生時，執「錯誤認知心的本質的心（我執無明）」為「自性存在」的想法將會終止。這個解釋所要表達的是，在心自己的空性中，可以止息概念戲論。因此，最後一句可以用「場所格」或「工具格」來解讀。

既非「我」，也非「無我」

龍樹繼續說：

【6】諸佛不僅安立我，諸佛亦宣說無我，
此外諸佛亦宣說：我與無我二皆無。
佛陀敘述「我」，而且也提出「無我」。
此外，佛陀也教導：既沒有「我」，也沒有「無我」。

有兩種不同的方式來解讀這首偈頌。在第一種解讀中，第一句「安立『我』」是指非佛教學派主張的某種獨立（自主）、單一且不變（常）的真實的「我」。一個例子就是非佛教的古典印度學派（例如數論派），所提出的永恆的「我」（atman）。月稱在《入中論》（*Entering the Middle Way*；梵*Madhyamakavatara*）中為這個「我」的概念定義如下：

外計受者、常法、我，
無德、無作、非作者。(23)
凡是接受者、體性為常、不是作者、不具特質且沒有作用，
便是外道所計執的「我」。

龍樹這段原文的第二句（諸佛亦宣說無我）是指另一個古代的非佛教印度學派——順世外道（Charvakas）。順世外道是唯物論者，他們當中大多數拒絕再生（輪迴）的觀念，而且辯稱「我」只是以肉體的形式存在，當身體停止存在時，「人」也同

時告終。因此，第二句要表達的是唯物論的見解——拒絕接受有一個超越肉體形式存在的「我」。在第一個解讀中，後兩句被視為代表反對前述兩種見解的佛教自宗立場：佛教既不接受一個永恆不變的「我」，也無法接受把「我」跟身體劃上等號。第一個見解虛構一個永恆的「我」，而第二個見解則把「我」簡化為僅僅是這一世的身體。這兩種古典印度的見解都不被龍樹所接受。

而在另一個解讀中，同一首偈頌卻可以解讀為適用於佛教見解的四句。在這個解釋中，我們解讀第一句「安立『我』」的意思是：佛陀依據其追隨者特有的心理性格、哲學愛好和天生傾向等等差異，而在某些經典中提出「有獨立於五蘊之外的這種事物為『我』」的這種陳述，例如在某一部經典中，佛陀說五蘊是重擔，而「我」是挑這個重擔的人，這暗示了某種獨立自主之「我」的教義。

在第二種解讀中，第二句「亦宣說『無我』」則顯示佛陀也教導不同層次意義的「無我」教義。這些不同的進路包含粗顯的無我，也就是：（一）把「無我」視為「駁斥『由部分組成之我』」，這是層次較低的佛教學派[24]的見解。（二）佛陀也教導「無我」為「缺乏主、客二元」，這是唯識學派的見解。唯識學派教導「三性」的教義，其中，在「依他起性」（dependent nature）上缺乏「遍計所執性」（imputed nature）即「圓成實性」（perfected nature），圓成實性被視為真實存在。在這個進路中，實相的其中一個面向被說為「無我」，[25]然而，另一個面向卻被說為具有「我」。[26]中觀宗拒絕〔接受唯識學派〕這樣選擇性地運用「無我」教義。

於是，最後兩句在此被理解為佛陀關於「我」和「無我」的究竟立場:「此外諸佛亦宣說:我與無我二皆無。」(此外,佛陀也教導:既沒有「我」,也沒有「無我」。)佛陀不僅否定補特伽羅(我)的自性存在,因此教導「無我」,而且他也拒絕任何自性、絕對存在的「無我」本身。這是對於每個現象(甚至包含空性)的甚深空性見解。

這個確保我們不會以虛構空性〔為自性存在〕作為結果的議題,在龍樹的《中論》中一再地被討論。龍樹在《中論》的其他地方說:假如有絲毫現象不是缺乏自性存在,那麼空性本身將會是自性真實。[27]假如空性本身是自性真實或絕對的話,那麼就絕對無法否定自性存在。然後,龍樹指出「執空性為自性真實的見解」是無法補救或修正的「無可救藥的見解」(an irreparable view)。[28]

龍樹現在要解釋他所指的「空性」是什麼。

純粹的否定

龍樹繼續說:

【7】遮遣所應詮說者,由遣心之行境故。
因爲不生與不滅,法性等同涅槃故。
語言表達之所以被遮除,是因為心的對境被遮除。
不生與不滅,就像涅槃一樣,這就是事物的法性。

這首偈頌讓人聯想到龍樹的《六十正理論》(*Sixty Verses of*

Reasoning；梵*Yuktishashtika*），其中他寫著：

凡是心有所住者，
將被盤蛇（比喻實有執）所纏繞，
凡是心無所住者，
則不被它所纏繞。(29)

我們必須理解空性是屬於「否定自性存在」的範疇，只要還有某種可被客觀化（即對境是由自己方面成立）的基礎存在，真實存在的執著（實有執）便將會持續產生。當這首偈頌所說的「遮遣所應詮說者」（語言表達之所以被遮除），它意指空性（某種程度上無法在語言當中表現出來）完全遠離生與滅、斷與常等八個極端。空性不像其他我們可以覺知的現象，唯有透過否定的方式，才能瞭解它，並將之概念化。

在實際存在事物的分類法中，佛教徒傾向於把現象區分為可以用肯定的術語而概念化的那些現象，以及只能透過否定而概念化的那些現象，這種差異是基於我們如何覺知它們或將之概念化而得到的。在歸類為具有否定特徵的現象中，我們可發現有兩種主要的否定形式，一種是「暗示性的否定」（implicative negation，有所肯定的否定），這種否定暗示了其他某個事物的存在可取代其位置。舉例來說，在「那個母親沒有兒子」這句話當中，其中的否定暗示了女兒的存在。另一種否定的類型是「非暗示性的否定」（nonimplicative negation，無所肯定的否定），它只是單純的否定，並沒有暗示任何其他事物，就像說「佛教的比丘不喝酒」這句話當中的否定一樣。

在一般的言語中也會用到這些觀念，例如，當我們說某事物不存在時，我們會說：「它不在那裡，但是……。」我們否定某事物，但是已經預留某種進一步期待的空間了。另一方面，假如我們說：「不，它不在那裡。」這是一種純粹、絕對的否定，它不會讓人聯想到還留有任何事物可以執取。

空性是「非暗示性的否定」，它是純粹、決定性的否定，不會留下任何可以被執取的事物。必須把空性理解為「非暗示性的否定」，這個觀念非常重要，在偉大的印度中觀大師，例如龍樹和其注釋者清辨（Bhavaviveka，約500-570）、佛護（Buddhapalita，約470-530）、月稱的著作中都反覆地強調這一點。清辨對於佛護有關龍樹《中論》的〈第1品〉第1偈的解釋提出質疑，這首偈頌是：

並非從自非從他，
非從二者非無因，
任何事物隨於何，
無論何時生非有。[30]

在這首偈頌中，龍樹批評了實在論者（essentialist）對於事物如何產生的瞭解，他從「是否從他們自己、從異於自己的其他事物、從自己和其他事物兩者、不從上述任何情況產生」的觀點，來規範「生」（arising）的概念。龍樹否定所有這四種情況，他知道「生」的概念如果要在「實有」這層意義當中站得住腳的話，最多就只有這四種情況。而他否定這四種「生」（origination）的模式，正是《中論》其餘內容[31]據以建立的基礎。

關於這段，清辨在其注釋中批評佛護有關他主張「從自生」的方式。佛護提出的理由是，假如諸事物從他們自己而生，那麼「這些事物的『生』將會毫無意義」，而且「這些事物將沒完沒了地『生』下去」。清辨說中觀宗無法接受〔佛護〕這個論理，因為當我們把這個論述（從自生）反過來時，它（不從自生）暗示了「『生』有意義」與「『生』是有限的」。換句話說，它暗示了〔自生以外的〕某種「生」的存在，而這會違背中觀學派的中心宗義，亦即在分析空性的過程中，所有提出的這些主張都必須是「非暗示性的否定」（無所肯定的否定）。空性被定義為「無一切分別戲論」（the absence of all conceptual elaborations）。因此，這個完全的、絕對的否定，必須不遺留任何可以想像得到的事物。

一旦你以「非暗示性的否定」來理解空性，並且增長對它的瞭解時，你對空性的瞭解最終將會深奧到連語言和概念也無法企及的境地。這也就是為什麼在第7偈裡，龍樹會寫「遮遣所應詮說者」等等的理由。

在下一首偈頌中，他寫著：

【8】一切是實與非實，以及既實又非實，
以及非非實非實，彼乃佛陀隨順說。
每件事是真實的與不是真實的，既是真實也是不真實，
既非真實也非不真實，這就是佛陀的教法。

這是要呼應第6偈當中所提出的重點，就是當佛陀在教導這些深奧的佛法真諦時，是順應其弟子的心智能力來教導的。對

於初學者，他教導這些事物彷彿像它們呈現在心中般〔真實〕存在。然後，他教導一切事物都是短暫的，因為它們都受到以剎那為基礎的壞滅所宰制。最後，他教導在表象（事物呈現在我們面前的方式）和實相（事物實際存在的方式）兩者之間有一道鴻溝。龍樹認為佛陀透過上述這些方式，讓所教化的弟子逐漸獲得更細微層次的瞭解。

對治誤解

從第9偈開始，龍樹提出一些對治誤解真如（suchness）或勝義諦的方法。

【9】非由他知與寂靜，非諸戲論所敷衍，
無分別且非異義，彼即彼性之定義。
不由他人得知、寂靜、非由內心戲論所虛構、
無分別、無法區分差異，此即真如的特質。

這首偈頌提出了眾所周知的勝義諦（空性）的五個主要特質。基本上，這首偈頌是在敍述真如（空性）超越了語言與思想的範疇。不像日常生活當中的對境，我們能夠辨識事物和它的特性之間的差異，僅僅否定自性存在的空性，是沒有任何這樣差異的。它以這種單一狀態的方式存在，但這並不是意味著一切現象的真如都是同一個。雖然每一個個別的現象都有各自的真如，但

這只是意味著所有現象都分享「自性存在空的本質」。這是這首偈頌的意義。

在下一首偈頌中，我們讀到：

【10】依賴於此而生彼，首先此既非彼性，
亦非異於彼性故，是故非斷亦非常。
凡是依賴其他事物才形成者，則它不會與該事物同一。
而因為它也不異於該事物，
因此，它既不是斷滅，也不是恆常。

這首偈頌牽涉到我們已經討論過的「緣起」原理。就某一個層面而言，「緣起」一詞當中的「緣」（依賴）是指「果」依賴其「因」。因果關係當中有「因」和「果」兩個要素，而龍樹是在分析這兩者彼此如何連繫在一起。舉例來說，種子和苗芽之間的關係是什麼？龍樹所要敘述的是「果」不能等同其「因」，因為如果是「果」等同「因」的話，因果的概念將會變得很荒謬。「果」也不能以自性的方式獨立於「因」之外，因為如果是這樣，我們便不能解釋「因」和「果」之間或種子和苗芽之間這種顯而易見的關係。

因為「因」和「果」不是同一個，當「果」形成時，「因」便終止存在；苗芽和其所從來的種子兩者不會同時存在。因此，「因」和「果」兩者都不是恆常的。但是，當「果」形成時，「因」並不是完全斷滅，所以它不是不存在。因此，龍樹透過「是故非斷亦非常」（因此，它既不是斷滅，也不是恆常）這句話作為結語。

接著，在下一首偈頌中，我們讀到：

【11】已成佛陀世依怙，彼教當中甘露者，
即非一義非異義，既非斷滅亦非常。
透過諸佛、世間的救度者，
「不一、不異、不斷與不常」的這個不朽的真理，
才得以被教導出來。

這首偈頌告誡我們要完全避免一切的概念（分別）戲論和極端（邊）。

直到目前為止，特別是在第5首偈頌，龍樹一直強調他的其一個重點，就是對於解脫輪迴三有而言，增長瞭解空性之智慧的必要性。這和龍樹在《六十正理論》當中的進路很顯然是一致的，其中他說，僅瞭解粗顯「無我」是不夠的；我們也必須理解一切現象的「無我」。在下一首偈頌中，他把相同的主張延伸至辟支佛（pratyekabuddha，獨覺）身上。

【12】圓滿諸佛未出世，且諸聲聞已滅盡；
然而辟支佛聖智，由無依中善生起。
當圓滿覺悟者未出現於世，
甚至那些聲聞行者也已經消失，
那些獨覺者的智慧，
將在不依賴其他人的情況下，圓滿產生。

就像聲聞弟子或聲聞行者要從輪迴證得解脫，需要充分的空性慧一般，獨覺行者或辟支佛也是如此。除非經由對於空性的充

分理解，否則無法解脫。對於大乘道的菩薩們而言，空性慧也是核心的修行、道的生命，但光有這個還是不夠的。因為在大乘道中，提到圓滿覺悟的證得，是來自於「證悟空性的智慧」（智慧資糧）和「累積功德與發菩提心的方便層面」（福德資糧）兩者的結合。這就是為什麼在大乘典籍中，空性有時被稱為「帶有一切覺悟特質的空性」的原因。

這個可以藉由密續來分享。龍樹的《中論》是從經乘（Sutra Vehicle）或波羅蜜多乘（Perfection Vehicle）的觀點來解釋。但是，因為當佛教在西藏弘揚時，對於佛教而言，《中論》是部簡介，而在西藏也教導金剛乘教法，因此我也將說明金剛乘的觀點或佛教密續的見解。依據「無上瑜伽密續」，確定空性遠離像八個極端的概念（分別）戲論，是不夠的。我們的瞭解必須開發認知至最細微的層次，也就是「俱生心」（innate mind，原始心）的層次。在此，俱生心是指從一世延續至下一世極細微的認知相續。在俱生心的層次上，我們的認知是全然遠離一切概念戲論與感官輸入的。當空性慧開發至這個層次時，修行者在道上會有長足的進步。

在《法界讚》（*Praise to the Ultimate Expanse*）中，龍樹透過「我禮敬法界」這句話作為開始。「法界」可以用「主體智慧」（subjective wisdon）[32]一詞來理解，關於它這樣解釋的詳盡意義，可以在「無上瑜伽密續」的《密集密續》（*Guhyasamaja Tantra*）中看到。其中，「主體智慧」可理解為，只有當極細微的認知（俱生心）認知空性時，內心的戲論才會平息。

蔣央協巴（Jamyang Shepa, 1648-1721）在他有關哲學宗義的巨著[33]中，書末指出金剛乘教法的獨特性質之處，解釋：雖然經典（顯教）層面的教法解釋殊勝的客體（空性），但是殊勝的主體（俱生心的智慧）仍然祕而不宣，而必須在金剛乘中去尋求。同樣地，他提到：經典雖然描述了修道上的主要對治法，但是最高的對治法則是隱密的，[34]這就是去除障礙圓滿覺悟的細微所知障的對治法。他的重點是，要證得圓滿覺悟，光是在一般、粗顯心的層次上開發空性慧，以及修習六波羅蜜多（六度）是不夠的，還必須在最細微層次的認知（俱生心）上，開發洞徹空性的勝觀。大圓滿（Dzokchen）、大手印（Mahamudra）和樂空雙運的俱生慧的進路，都是在這樣的層次上運作的。

煩惱及其習氣

關於心中所帶有的煩惱，有兩個重點。第一，就一般而言，所有內心的煩惱——帶有煩惱的想法與情緒，都是扭曲的，無法反映事物的真實情況。正因為它們這種扭曲的本質，因此有強而有力的對治法來幫助我們去除它們。第二，心的基本性質是光明的，即清淨光明。當我們結合「煩惱的染污性質」和「心的清淨光明本質」這兩個前提時，便能預期從內心中去除這些染污是有可能的，而且從輪迴三有中解脫也會變得不再是夢想。

我們必須把同樣的論理運用到煩惱習性上，煩惱習性是指這些煩惱遺留在我們心識之流上的印記（習氣），特別是指所謂的「所知障」（細微的障礙）。就如同煩惱可以去除，煩惱的習氣（所知障）也是可以去除的，因為它們並不會反映心的基本性質。瞭解這點可以讓我們預期到，不僅解脫輪迴三有是有可能的，甚至圓滿覺悟或成佛也是有可能的。也就是說，不僅可以從煩惱[35]，也可以從它們的習氣[36]當中完全解脫出來。

所有煩惱可以透過開發徹見空性的深觀而去除，而這種深觀和無明及執著的認知模式正好直接相反。但是，就它們的習氣而言，光是這個進路並不足夠。在這些細微的障礙當中，有一個染污會障礙我們無法同時經驗世俗諦與勝義諦。我們習於錯認二諦具有不同的本質，直到克服那個染污之前，我們對於空性的所有瞭解，甚至對於空性的直接瞭解（即現觀空性或根本定智），將只會和後得智（subsequent realizations，後得位的證悟），亦即例如關於業果關係和四聖諦的正面瞭解，交替出現〔而不會同時出現〕。也就是說，當後得智出現時，緣空性的根本定便停止，反之亦然。

要「同時經驗甚深的根本定和後得智」，以及「克服錯認二諦在本質上是不同的」的唯一方法，就是要引生最細微層次的瞭解空性的認知。所需要的就是究竟的意義（空性）和究竟的心（清淨光明的俱生心）的融合。當這種情況發生時，表象（世俗諦）和空性（勝義諦）將不再顯現為分離，而得以克服細微的染污（所知障）。

4

建立世俗諦

在龍樹的《中論》中，第24品〈觀察四聖諦品〉特別重要。在此之前的所有章節裡，龍樹提出一系列相關論證，皆試圖駁斥任何形式的自性存在的執著。在日常生活的認知層次，現象是多元的，但是在究竟（勝義）的層次，所有這些現象都顯示為自性空（缺乏自性存在）。關於一切現象的自性存在是空性的論證，會引發心中的各種疑惑。第24品便是要直接處理這些疑惑。

提出反駁

某些不熟悉空性教法的人，誤解自性存在的空性真的是指什麼都沒有。即使是偉大的佛教思想家無著（大約四世紀）也在他的其中一部著作中，批評中觀宗的哲學家為虛無論者（斷滅論者）。他在所著的《攝大乘論》中說，某些宣稱自己是大乘行者的人並不瞭解般若類經典，並透過主張一切現象均缺乏自性存在而詆毀實相。以已經證得菩薩的第三地而著稱的無著，當然瞭解空性，因此是一位中觀行者，但是，他在身為唯識宗學派創立者的歷史角色的情況下，批評中觀的追隨者墮入斷滅論當中。

而其他人雖然表面上稱讚空性的教法和中觀哲學，但是仍然依斷滅論的方式來錯誤理解空性的教法。這樣的人或許會傾向於像「喔！沒有真正重要的事，一切事物都是空的」這樣去說事物。當你像這樣去說事物時，你正冒著詆毀世俗世界的有效性和因果法則的風險。

考慮有這種誤解的危險，因此，龍樹對於他有關空性的教法審慎地提出可能的反駁，並且一一地回應它們。這個主要的反駁，在本質上，有點類似以如下的方式在進行：「在先前的章節中，你（中觀宗）從一切現象的『因』、其『果』的產生、其本身的性質、其明確特性等等觀點，來否定一切現象的自性存在。假如你所敍述的，就本質和『因』而言，沒有任何事物以自性的方式存在，這點如果是正確的話，那麼因為在究竟的分析之下，全然沒有任何事物存在，因此，所修的道不會有任何結果，關於空性的教法僅僅只是斷滅論而已。」這就是在此品當中，龍樹所要回應的主要異議，以及〔他自己的〕回答。基於這個理由，第24品或許是龍樹的《中論》中最重要的一品。

在前六首偈頌中，龍樹提出反駁空性教法的主要異議：

【1】若此等一切皆空，無有生起且無滅，
聖者四種真諦理，於汝而言應成無。
假如這一切都是空的，既沒有產生，也沒有壞滅，
那對於你而言，四聖諦理應不存在。

【2】由於無有四聖諦，完全了知與應斷，
應修以及應現證，彼等皆將不應理。
假如四聖諦不存在，那麼，知〔苦〕、斷〔集〕、
證〔滅〕與修〔道〕，均將站不住腳。

【3】由於彼等非有故，四種結果亦非有，
無果則無住果者，諸向果者亦非有。
假如這些事物不存在，那麼，四種結果也不會存在。
沒有這些結果，便沒有證得這些結果的人，也沒有進入〔這些道〕的人。

【4】設若四雙八輩者，彼等皆無僧伽無，
由於無有諸聖諦，是故正法亦非有。
假如這八類的人(1)不存在，僧寶將不會存在；
而因為四聖諦不存在，因此，法寶也將不會存在。

【5】設若法與僧非有，又將怎會有佛陀？
若說空性之言論，則令三寶遭損害。
假如佛法和僧伽不存在，怎麼會有佛寶呢？
因此，假如你談論空性，這便是在毀損三寶。

【6】法與非法有其果，以及非法與是法，
世人所用之名言，此等一切亦遭損。
這是在毀損一切事物，亦即〔毀損善行與惡行的〕果報的存在、善行（法）和惡行（非法）〔之間的區別〕，〔一言以蔽之，就是在毀損〕世間所有的約定。

這些偈頌提出反駁：假如沒有任何事物具有自性存在，那麼事實上沒有任何事物存在。假如「自性存在是空性的」，這實際上的確是指沒有任何事物或什麼都不存在，那麼的確沒有任何事物站得住腳，而且任何一個體系都沒有前後〔邏輯〕一致的陳述可以持續下去。

龍樹透過如下的說明，來回應前述的偈頌：

【7】對此解釋，汝不解：空性目的與空性，
以及空性之義故，是故如此自生惱。
以這些措辭來表達的你，並不瞭解空性的目的、
空性本身，以及空性的意義。因此，你被它傷害。

當你無法充分理解空性，亦即理解它的目的、性質和意義時，對於空性的所有這些異議便會產生。

空性的目的

空性的目的就像稍早在第18品第5偈當中所提出的一樣，其中龍樹說：「業惑來自妄分別。彼由戲論所衍生」（業和煩惱來自於概念分別，這些〔概念分別〕又來自於戲論）等等。此處的「戲論」被確認為根本無明——緣起鏈當中的第一支。因為無明或戲論位於我們輪迴狀態的根源，因此，唯有透過觀修遠離一切戲論的空性，我們才能夠找出解脫之道。

當龍樹在第26品的第1偈當中說：「無明障故，為後有」（由於無明的障蔽，以及為了投生）時，「無明」對他而言，並不是被動的「不瞭解」（unknowing）而已，而是一種「誤解」（misknowing），一種主動、帶有煩惱的理解（intelligence）。[2]像這樣的心態，雖然是錯誤的，但是它們帶有似乎是從我們深思當中產生的一定程度的確定性。為了反駁它們，因此，我們必須採取也會引生強而有力之確信的對治法，在此有其他方法能有效地反駁它們。亦即徹見空性的洞見可直接駁斥那個執著的心，因而導致解脫。

因此，瞭解空性的真正目的不僅只是提升我們的知識，而且可以讓我們從輪迴三有中解脫出來。沒有人想要痛苦，因此，我們必須斷除它的「因」。我們無法透過祈禱，或甚至透過結束自己的生命來去除痛苦。要消除痛苦的根本原因——認為事物是真實存在的虛妄執著，我們必須證得徹見空性的洞見。除了徹見空性的洞見外，真的沒有其他替代的方法。

當我們檢視自己帶有煩惱的想法和情緒時，一方面會看見如貪著、瞋恚和驕傲這類的情緒，它們是容易衝動的，而且是發自本能的。雖然或許有一些分析的要素存在，但是整體而言，它們的產生是自發性的，不需要任何推論的過程。另一方面，我們在一些典籍中看到被視為「帶有煩惱的理解」（afflicted intelligence，染污見）的其他煩惱，它包含前面提過的自性成立的執著。這些不是本能的情緒，而是傾向於增強錯誤見解的想法。

因此，煩惱被分為衝動、本能上受影響的狀態，例如貪著；以及比較是認知方面的虛妄，例如無明。每一種都需要不同的對治法，例如貪著的對治法或許包含觀修特定對境的不淨性質；而要對治強烈的瞋恨，我們或許會修習慈心。但是這些對治法並不能全然地根除所有煩惱，只能減低它們。而且，就像月稱在他有關龍樹偈頌的注釋[3]當中指出，觀修慈愛可以對治瞋恚，但如果不慎，則會導致對於該境的貪著，因為你正在增強你對它的連繫感、移情與親近。同樣地，當你透過思考所選定對境的種種缺點來對治貪著時，你或許會不慎地對於該境逐漸感到厭惡。例如，觀修人類身體的不淨，是對於貪婪的對治，但是從事這個觀修會增強你對於其他有情（人）的厭惡。而無明的對治——空性的瞭解，則沒有這樣的副作用，空性的智慧不僅可以對治自性存在的執著，它還可以對治並根除所有其他煩惱，因為自性存在的虛妄分別位於一切煩惱的根源。

中觀應成派（Prasangika Madhyamikas）[4]比一般佛教徒對煩惱的瞭解更為寬廣。像貪著和厭惡這樣的煩惱具有粗、細等層次，是宗喀巴透過冗長的分析過程，所獲致的重要洞見。宗喀巴區分了兩者之間的差異：一方面是為一切佛教學派所接受、在阿毘達磨體系中提出的煩惱；而另一方面是只有中觀應成派體系才能辨識的更細微層次的煩惱。廣泛來說，我所瞭解的差異如下。

對於煩惱的解釋，一般所接受的是它們具有不同的專注對境，並以不同的方式擾亂內心。例如貪著會誇大所渴望之對境其吸引人的特質，而厭惡則會誇大其負面的特質。但是在中觀應成派體系的認知模式中，所有煩惱都牽涉到執著自性存在的這個成分。不論是貪著、厭惡、驕傲或某種其他心態，會讓它們折磨人的，並不是它們不同於其他煩惱的特性，而是當認知其對境時，會執為自性存在的這個共同成分。

因為會執著其對境為自性存在的各種心態，並不侷限於阿毘達磨典籍當中所列舉的那些煩惱，因此，中觀應成派對於煩惱的定義，要比一般的定義來得寬廣多了。因此，包含中觀自續派以下的其他佛教學派不認為是煩惱的許多心態，應成派都將之視為煩惱。而這是否意味著，對於此派而言，所有煩惱都只是無明或執著真實存在之虛妄分別所表現的形式？宗喀巴〔在《入中論善顯密義疏》第186頁〕區分兩者的差異：一方面是執著真實存在之虛妄分別本身；而另一方面的心態，例如貪著和瞋恚，執著自性存在則只是它們所具有的一個成分要素而已。前者執對境為真實存在，並非透過某種伴隨要素的力量，而是透過它（執著真實存在之虛妄分別）自己的力量。相反地，其他煩惱的心態則不是由於自己的力量而執對境為真實存在，而是透過伴隨要素的力量。它們雖然都牽涉到真實存在的執著，但是主要是以其他特性來定義。

簡而言之，粗顯層次的煩惱導源於把執著真實存在之虛妄分別作為其因，而細微層次的煩惱，則在一個心態結合執著真實存在之虛妄分別時產生。空性的目的是要產生對治法，以對治執事物為真實存在之虛妄分別。因為所有煩惱，無論粗顯或細微，都是由這個虛妄分別所推動，因此，一切煩惱的對治便是直接去反駁這個執著的觀點。

空性的性質

檢視空性的目的之後，我們現在進一步要檢視其本質（空性的性質)。會把空性誤解為什麼都沒有，其根本在於無法辨識：光靠語言和概念分別，並不足以涵蓋空性。假如我們從未脫離概念分別的領域，那很自然便會去認為空性只是諸多概念分別當中的一個罷了。如果侷限在這個範圍當中，便很容易從「一切事物是空的」的正確見解，轉入「沒有任何事物存在」的錯誤見解中。這個錯誤來自於把對境所缺乏的自性存在視為其究竟本質，並且把那個究竟本質視為以其自力存在的對境。假如一切事物的究竟本質是一個不存在的東西，就此推論的結果就是，那麼必然沒有任何事物存在。但是，空性和只在分別層次中是空的而實際不是〔空〕的對境，兩者是不同的。因為這個理由，空性是其真正的本質只能被個人所親身經驗的某種東西，它無法藉由語言和概念分別而充分地傳達給另一個人。

因此，當我們談到空性時，切勿認為它是以某種絕對的實體，而由它自己存在於那裡，當我們談論到它時，所談的是究竟的存在模式——一個現象存在的究竟方式，這個究竟的存在模式只和相關的個別現象一致。認為空性彷彿是以絕對、獨立於它所賦予特性的各種現象之外，這是錯誤的。以這個方式理解空性，會導致認為它是什麼都沒有的錯誤理解。

空性的意義

討論過空性的目的及其本質之後，龍樹提出的第三個要點是，由於誤解空性的意義，因而提出這樣的異議。為了解釋空性的正確意義，他間接提到《無熱惱龍王請問經》(*Questions of the*

Naga King Anavatapta）中的一段經文，其中佛陀解釋：「依賴其他因素而產生的，就是『無生』（unborn）。」[5]他要說明的是，事物和事件不具有自性的「生」，因為身為現象者，它們皆依賴其他因素而生。它們是「無生」的，意指它們不會獨立自主地產生。他的重點是，空性必須就「緣起」這個觀點來理解。帶有固有本質的某種東西，就定義而言，是自我隔絕（self-enclosed）或獨立（independent）的，因此不會受到「依賴」（dependence）的宰制。「自性的存在」和「依賴的性質」彼此互相排除，因此，依賴其他因素而形成的任何事物，必定缺乏自性存在。

中觀典籍把許多類型的論證，運用在他們所聚焦的自性存在的否定上。例如「離一與異」的論證，可以透過分析兩個相關的現象是否為同一個，而駁斥自性存在；「金剛屑」（diamond slivers）論證，否定「生」的四種可能性；而且還有其他論證。但是，在究竟的分析之下，所有這些都必定會歸於「緣起」的論證，因為在究竟的分析下，空性的究竟證明就是「緣起」。

因此，空性的意義就是「緣起」。

依賴而命名

前面我已經解釋過，要如何把「緣起」的意義理解為「果」對於其「因」的依賴：假如事物是以自性的方式存在，那麼「因」和其「果」將會以彼此互相隔絕的方式存在，而導致「果的產生將不需依賴因」這種荒謬的結論。但是，從龍樹的觀點而言，「緣起」的意義必須再向前一步，而且不只是以「因果之間的依賴」（causal dependence）來理解，而是以「依賴而命名」（dependent designation），也就是以「僅僅在依賴其他因素而非自力的情況下，才能認識到事物的特性」這個觀念來理解。

例如，我們所設想的「有為」（受條件制約）[6]與「無為」（不受條件制約）的一切現象[7]，可以用跟「整體」和其「部分」有關的概念來瞭解，也就是「所建構者」（the constituted）和其「構成要素」（constituent elements）。作為所建構者的任何事物，都具有構成要素，而且在部分和整體之間，存在互相依賴的關係。唯有牽涉這樣的依賴關係，我們才能設想一切現象的體性。這是「依賴而命名」的一種。

但是，龍樹甚至把它（依賴而命名）帶至更深邃的細微層次。不僅一切現象依賴它們的組成部分，而且假如在這些部分當中去探究，我們便會發現沒有可以指出並說「這就是真正的事物，這就是其明確的特性」的任何事物。事物只有基於其命名的基礎，才能被瞭解為特定的事物，於是「依賴而命名」意味著事物是藉由在一個適當的基礎上貼上標籤（加上稱號），或透過約定俗成而存在。換句話說，事物〔的存在〕有賴於認知它們的心對它們的命名，因為一切現象在究竟的分析之下，都是分別心在特定基礎的組合上所加上的稱號。一切現象的體性，是離不開對它們貼上標籤的分別心的。

某些中觀祖師[8]雖然同意現象是以符合其呈現至內心方式的命名而存在，但是依然在世俗層次上，接受「自我定義之特性」（a self-defining character）[9]的觀念。他們大都接受「依賴而命名」，但是假如我們仔細分析他們的立場，便會發現還有某種殘餘的、可被心覺察的虛構事物，亦即還有少許的客觀存在。甚至是在世俗層次也否認這種「自我定義之特性」概念的中觀哲學祖師們[10]，會提出反駁：「假如這（現象客觀存在）是真的，那麼我們可以簡單地指出事物本身，並說『這就是它』，但這是我們做不到的。事物或許會顯現為具有客觀的真實，但這僅僅只是內心的投射而已。這樣的真實無法藉由分析而發現到，因此即使在世俗當中也沒有〔現象客觀存在或自性成立的〕基礎。」基於這種立場上的分歧，因而在觀念上也產生差異，這包括了身為所破境的真實存在是否呈現在感官知覺（即前五識），或者是否有一個〔立宗者和辯論者雙方〕互相證實〔為客觀存在或自性存在〕的共同主題等。

總之，依據龍樹的說法，當我們尋找一個實體時，在對境（命名的基礎）上沒有任何一個部分禁得起批判性的分析，而可以確認為該事物本身。我們所尋找的任何事物，將會顯示它的本質是完全依賴〔他法〕，沒有任何事物可以單獨以一個絕對、獨特、獨立的體性存在。我們只能透過兩種方式瞭解事物的存在或本體的狀態，亦即：不外是〔把事物理解〕為具有某種自性、獨立、客觀的真實，或是〔把事物理解〕為「依賴而命名」，此外別無其他選擇。因為事物的客觀存在被證明是站不住腳的，因此所剩的唯一選擇就是名言的存在或〔名言的〕真實。這不只是說當批判性地去尋找時，無法發現事物而已，而且是說事物是以「依賴而命名」的觀點存在，甚至這種基於命名基礎的存在，也只能在相對的架構中安立。沒有任何事物具有獨立的狀態。

假如我們對於空性的理解，就是對於「緣起」的理解，那這個術語本身便否定任何認為「空性見解是什麼都沒有」的誤解。宗喀巴大師在《緣起讚》（*Praise to Dependent Origination*）

中寫著：

「透過緣起論理，人便不會落入極端（常邊或斷邊）。」
您（佛陀）把緣起論理說得這麼好，基於這個理由，
依怙啊！所以您是無上的宣說者。(11)

如同宗喀巴在此所指出的，僅僅用「緣起」一詞便有能力去除絕對（實有）和虛無（斷滅）這兩個極端。這是因為「緣」（dependent，依賴）一字藉由顯示一切事物依賴的特性，而去除絕對（實有）；而「起」（origination，產生）一字則可以去除虛無的極端，因為它不是指什麼都沒有，而是指某個形成的事物。只有當你無法透過「緣起」來理解空性時，一切有關「空性是否暗示虛無論」的這些問題才會產生。反對空性的人們才是虛無論的一種形式，龍樹在第7偈敍述，無法領會空性之目的者，無法正確掌握空性的本質，而且無法瞭解其意義。

正確地辨識

接著，會產生這樣的問題：「儘管沒有任何事物真正具有自性存在，但日常生活當中的經驗，卻讓我們聯想到事物具有某種客觀的真實。」我們接觸、感受並看見事物。當我們接觸到某些事物時，可能會感受到疼痛，而其他事物則帶來愉悅的感受，這點很自然會讓我們認為，彷彿這個世界和它所容納的東西具有某種客觀、固有的本質。對於實在論者（realist）而言，「事物必定

具有自性的真實」的最好論證，就是：對境（客體）是可以觸摸得到的，而且觸摸的經驗是鮮明的。

對於這個問題的回應，龍樹回答：「是的，在表象的層次上，我們的確會經驗各種現象，而且傾向於感知事物與事件彷彿他們具有自性的真實。」他並沒有否定我們世俗經驗當中的這種牢不可破的實在感，但是它們的真正實相卻又是另外一回事，亦即在我們的認知和實相之間有一道鴻溝。底下就是龍樹提出世俗諦（世俗約定的真理）與勝義諦（究竟的真理）二諦之處。

【8】諸佛正確依二諦，而為眾生說正法，
一依世間世俗諦，一依殊勝義眞諦。
佛陀給予眾生的教法，純粹是基於二諦，
亦即世俗諦與勝義諦。

【9】凡是不解彼二諦，彼此之間差別者，
彼等不解佛陀教，其中甚深心要義。
不瞭解二諦差別的那些人，
無法瞭解佛陀的甚深教義。

【10】設若不依賴名言，不能宣說殊勝義。
設若不解殊勝義，則將無法證涅槃。
如果沒有世俗諦作為基礎，便無法教導勝義諦。
不瞭解勝義諦，則無法證得涅槃。

在世俗諦的世間或分別心所建構的世間當中，還可以區分真正的世俗（real convention，正世俗）和非真正的世俗（unreal convention，倒世俗）兩者。雖然沒有任何事物不是由心的命名而存在，但是這並不保證凡是心去安立（命名）的任何東西，就一定存在。換句話說，就是因為我們可以去想像某種心無法讓它成真的事物。這是非常重要的一點，也就是我們必須辨識世俗層次上什麼是真的，而什麼不是真的。

我們要如何作這樣的確定呢？假如我們知道某個事物在世俗中被證明為無效或和其他有效的經驗相牴觸，無論是自己的或他人的經驗，那它就不是真正的〔世俗〕。許多認知受到感官扭曲所影響，例如由於眼睛方面的不適，而感覺髮絲飄落的景象，這個情況即使在世俗層次也不存在。同樣地，我們或許會透過哲學的思索或其他絕對論者的思考方式，而採用一些會被其他世俗知識證明為無效的概念。例如對於本體論狀態的探究不夠全面而採取的假說，會被透過究竟的分析而證明它為無效。

總之，對於能夠被視為存在於世俗當中的事物而言，它必須符合底下三個標準：

一、它必須順應世俗的約定；

二、它必然不會被其他的世俗有效知識證明為無效；

三、它必須不會被究竟（勝義）的分析證明為無效。

這或許有點令人困惑，但是如果把它連繫到自己的經驗中，我們或許會更容易瞭解。例如，有時人們問我們有關所見的某個事物，我們會說：「是的，那是真的，我見過它，不僅見過它，我還仔細地檢視它，並且確定所見到的是真實的。」當我們看到某個事物，仔細地檢視它，並且相信它是真的，然後第二個人出現並證實它，於是，就世俗的意義來說，我們可以說那是真的。

另一方面，我們或許會看到某個事物，當愈靠近去檢視時，就會發現原來它跟我們所想像的不同。或者，我們會在還沒有仔細檢視它之前，便堅持它是如此，然後，當第二個人出現，卻無法證實它。這點顯示我們先前的認知並不是真的，而且所見的並非真的。此外，哲學家所提出的某些觀點，或許對有效的世俗而言，是站得住腳的，但是會被藉由檢視事物之勝義諦而證明為無效。因此，從約定俗成的觀點，被視為是真的事物，就是不會被自己隨後的檢視、第二個人的正確知識或究竟的分析，證明為無效的那些事物。

【11】設若錯誤觀空性，諸少慧者將受害，
猶如錯誤捉蛇者，以及誤修明咒者。
沒有智慧的人，會被錯解空性見所摧毀，
就像不當地捕蛇或不正確地施放咒語一樣。

【12】瞭知慧力羸弱者，難以徹底解此法，
是故能仁之內心，最初不欲說正法。
〔佛陀〕如此地瞭解到這個教法的深度難以洞察，
因此，佛陀的想法從教導這個〔深奧的〕佛法中轉身。[12]

【13】理應形成過失者，於空性中非應理，
故汝棄捨空性者，彼過於吾不應理。
你所提出的反對是謬誤的，因為它們跟空性無關。
你從捨棄空性當中所提出的反駁，並不適用於我。

接著，龍樹寫了底下的偈頌，作為一個重要的總結：

【14】凡是容許空性者，於彼一切將得成；
凡是不容空性者，於彼一切將不成。
誰認為空性站得住腳，
對他而言，一切事物均變得站得住腳。
誰認為空性站不住腳，
對他而言，一切事物均變得站不住腳。

基於這個推論，關於實在論者提出的反駁，他寫道：

【15】汝將自身諸過失，完全轉嫁於吾身，
猶如騎在馬背上，然卻遺忘該馬般。
當你把自己的所有過失都丟在我身上時，
你就像是一個騎在馬上，
卻忘了自己的馬在哪裡的人一樣。

在底下的這些偈頌當中，他把所有對中觀學派提出的質疑，都轉回佛教的實在論者自己的立場上。

【16】設若隨觀諸事物，彼等是由自性有，
設若如此汝將觀：諸事物爲無因緣。
假如你以固有的本質（自性）來看待一切事物的存在，
那麼，你就是視這些事物不具有種種的因和緣。

【17】結果及其因緣性，作者作用與所作，
出生壞滅及果報，彼等亦會遭損害。

所有的「果」和它們的「因」；
作者、行為和行為的對象；
產生和壞滅；所有這些也將被你破壞殆盡。

再一次，這裡的重點是，自性存在和因果依存是互相排除的。假如某物具有固有的本質，那它本身就是完成的，而不需要依賴任何因果過程。「因果過程」暗示了易受影響的特性，但是假如一個事物本身是充分自我隔絕而且完成的話，那它便不會和其他現象有互動。因此，龍樹說：假如你堅持所有事物的自性存在，那便是在主張這些事物不具有「因」和「緣」。

他的重點還有：所有這些概念分別都是相對的術語，因而只能在帶有特定參考點的相對脈絡底下、前後〔邏輯〕一致地來瞭解他們。例如，當我們說某事是有害或有益時，參考點是某事所要利益或傷害的某個眾生。同樣地，當我們說「行為」（action）時，參考點是從事這個行為的人；當說「作者」（agent）時，則是跟他所作的行為有關。所有這樣的事物，其概念只會發生在相對的脈絡當中，假如你堅持他們的自性存在，那便是在否定因果和變化的可能性，而且沒有任何一個術語可以前後〔邏輯〕一致地維持下去。

【18】凡依因緣而起者，將彼解釋爲空性，
彼是依而安立者，彼性即是中觀道。
凡是依賴而生（緣起）者，就可以把它解釋為空性。
身為緣起者，它本身就是中道（中觀之道）。

【19】非依因緣而起法，無論如何亦非有，
是故不是空性法，無論如何亦非有。
不是依賴而生者，這樣的事物並不存在。
因此，不是〔自性〕空者，這樣的事物並不存在。

在此，「緣起」並非以「因果」的觀點，而是以「依賴而命名」的觀點來解釋。從這個觀點來看，包含「有為」和「無為」兩種的一切現象，都是緣起，因此一切現象都是〔自性〕空的。因此，「緣起」是真正的中觀之道，而且是佛陀教法的核心要義。

實在論者的缺失

從第20偈以後，龍樹駁斥相信自性存在的實在論者對於中觀見解所提出一切異議，並且對實在論者提出反駁。首先，一直到第27偈，龍樹顯示：在堅持自性存在這個信念的體系中，四聖諦的教法是站不住腳的。

【20】若此一切皆不空，無有生起且無滅，
聖者四種眞諦理，於汝而言理應無。
假如這一切不是空的話，既沒有生也沒有滅，
那麼，對於你（實在論者）而言，四聖諦理應不存在。

【21】若無依因待緣生，豈會存在諸痛苦？
佛說無常即是苦，彼於自性中非有。
假如一切事物不是緣起，那麼，苦要如何形成？

經中教導苦就是無常，
因此，苦怎能由它固有的本質而存在呢？

【22】若苦是由自性有，何者將被遍生起？
故於損壞空性者，非有遍生苦諦者。
假如一切事物由它們固有的本質而存在，
那什麼是苦的來源（集）呢？
因此，對於反對空性者而言，沒有苦的來源。

【23】苦諦若以自性有，其中非有苦寂滅。
因以自性遍安住，是故能令寂滅損。
假如苦以自性的方式存在，那將沒有滅，
因為固有本質持續安住，那麼此人會破壞滅諦。

【24】於道設若有自性，修習不應成合理，
設若彼道是所修，汝道應非有自性。
假如「道」具有自性存在，那修習將變成不可能。
而因為「道」的確要被修習，
所以，它必定沒有你所說的固有本質。

【25】設若非有苦與集，及息苦集之寂滅，
有誰會許將證得：由道滅苦之寂滅。
現在，假如苦、它的根源（集），
以及〔苦和集的〕滅是不存在的，
那麼，一個人要靠什麼「道」，
才能夠尋得痛苦的「滅」？

【26】設若原本就自性，苦諦並非所遍知，

後將如何遍知彼？彼非住於自性耶？

假如「〔對苦諦的〕無知」是以它固有的本質存在的話，

那麼，「知」要如何才能產生呢？

〔無知的〕固有本質不是會持續安住〔而讓知無法產生〕嗎？

【27】如是汝應斷集諦，現證滅諦修道諦，

以及四種聖果位，亦如遍知不可得。

同樣地，就像知〔苦〕的情況一樣，

你的斷〔集〕、證〔滅〕和四果，

這些都將變得站不住腳。

直到這點，龍樹已經顯示：對於支持自性存在概念的人而言，四聖諦是如何變得站不住腳的情況。接著，他要顯示：假設四聖諦變得站不住腳，那麼四種果位（四種成就）[13]，以及到達這些果位的四類人（四住果者）與進入導向這四個果位之道的四類人（四向果者），將都會變得站不住腳。假如這個情況發生的話，那佛、法、僧三寶也會變得站不住腳。因此，龍樹寫道：

【28】由於遍執有自性，是故果就自性言，

凡是尚未證得者，彼將如何能被證？

對於堅持固有本質的你（實在論者）而言，

這些果位將由於其固有本質而已經處在證得的狀態了；

如此一來，要用什麼方式才能證得它們呢？

【29】若無四果無住果，諸向果者亦非有，
設若四雙或八輩，彼等若無僧伽無。
若無果位，則將無住於這些果位者（住果者），
也將不會有向果者。
假如這八類人不存在，則將沒有僧團。

【30】由無聖者諸諦故，殊勝正法亦非有，
法與僧伽若非有，佛陀如何將成有？
假如四聖諦不存在，法寶也將不會存在；
假如佛法和僧團不存在，那怎能產生佛陀呢？

【31】汝之佛陀將理應，既不依賴於菩提；
汝之菩提將理應，亦不依賴於佛陀。
對你而言，理應不需要依賴覺悟，便將可以產生佛陀；
而且對你而言，理應不需要依賴佛陀，
便將可以產生覺悟。

【32】汝許自性非佛者，縱彼爲證菩提故，
精進努力菩提行，亦將無法證菩提。
對你而言，由於其固有本質而尚未覺悟的人，
即使藉著修習覺悟之道，他還是無法證得覺悟。

接著，龍樹顯示：假如事物具有自性存在的話，善行（利益的行為）和惡行（傷害的行為）之間的差異，會變得站不住腳。簡而言之，他認為如果事物是自性存在的話，那麼整個道德業果法則會瓦解。因此，他寫道：

【33】無論任何法非法，無論何時將不造，
於不空中何可爲？於自性中無作用。
絕對不會有人從事善行或惡行；
假如事物是不空的話，人還可以作什麼？
在固有本質中，沒有任何活動。

【34】縱於無法非法中，對汝而言將有果，
由法非法因生果，對汝而言並非有。
對你而言，在沒有〔對應的〕善行或惡行下，
理應將產生結果。
因此，對你而言，從善行和惡行所生的結果，
將不會存在。

【35】由法非法因生果，對汝而言假設有，
則由法非法生果，以何緣故不是空？
對你而言，
假如來自於善行和惡行的這些果報的確存在的話，
那麼，來自於善行和惡行的這些結果，
為什麼不是〔自性存在〕空的？

唯有空性才會合情合理

龍樹現在對於實在論者的立場，提出一個範圍更廣的駁斥，顯示在一個由固有本質的方式而存在的事物組成的世界中，是如何地不可能理解經驗本身。

【36】對於緣起之空性，凡是造作損害者，
則於諸世間名言，亦是造作損害者。
駁斥緣起性空者，
那他也破壞了一切世俗的約定。

【37】若對空性行破壞，應成完全無所作，
應成無造之所作，無作亦應成作者。
因為假如空性本身被捨棄，那就沒有功能會持續；
那麼，將會有沒有開始的行為，
以及將會有沒有行為的作者。

【38】若有自性則眾生，應成不生與不滅，
並且應成恆常住，並將遠離諸分位。
假如有自性存在，那麼，整個世界將不生不滅，
而且永恆地持續著，缺乏變化的狀態。

【39】設若自性空非有，則無未證應當證，
及無令苦達邊際，斷諸業惑亦應無。
假如〔自性存在〕空的事物不存在，
那麼，證所未證、終結痛苦，以及滅除業和煩惱，
這些都將不存在。

假如我們擁護自性存在這個信仰，那麼沒有任何事物、世俗的知識可被前後〔邏輯〕一致地維持。例如，假如我們分析在日常生活經驗中所使用的那些觀念，將會發現許多經驗是以已發生事物的記憶作為基礎。同樣地，我們使用的術語和跟隨那些術語

的觀念，有許多是建構在對未來的某種期待的基礎上。以這個方式，產生了我們的世俗真實（conventional reality），以及為它下定義的術語和語言，而它們是受到回憶過去和希冀未來所制約，由存在並隨時間改變的本質和人們所組成的。

龍樹認為，假如我們對於世界的瞭解，是依賴記憶和期待而建構起來的話，那麼我們的實相就不會是由獨立、自性存在的實體所組成。如果是這樣，那麼我們視為理所當然的所有這些功能和行為的概念，將不會有真正前後〔邏輯〕一致的關連。同樣地，他繼續說，在一個自我存在的世界中，眾生將不會隨時間而變化，而且也不可能有精神方面的成就。

在結語中，龍樹總結如下：唯有看見空性的真正意義就是「緣起」的那些人，才會瞭解痛苦的真正本質，因而能前後〔邏輯〕一致地維持苦、集、滅、道四聖諦之教法。因此，總結上述提出的這些重點之後，龍樹寫道：

【40】凡是觀見緣起者，彼即觀見苦諦者、
觀見集諦與滅諦，以及觀見道諦者。
無論誰見到緣起，
那他就看見苦〔諦〕、它的源頭（集諦），
以及滅〔諦〕和〔通往滅之〕道〔諦〕。

這就是龍樹的《中論》第24品，有關「四聖諦」的分析，這裡結束了我們探究的第一個部分。

為了把這些教法付諸於實修，我們現在將注意力轉移至另一部相關重要的典籍。

第二部

探索宗喀巴的《聖道三要》

《聖道三要》傑・宗喀巴撰

第一章 修習甚深

༄༅། །ལམ་གྱི་གཙོ་བོ་རྣམ་པ་གསུམ་ཞེས་བྱ་བ་བཞུགས་སོ། །

【1】 རྒྱལ་བའི་གསུང་རབ་ཀུན་གྱི་སྙིང་པོའི་དོན།

།རྒྱལ་སྲས་དམ་པ་རྣམས་ཀྱིས་བསྔགས་པའི་ལམ།

།སྐལ་ལྡན་ཐར་འདོད་རྣམས་ཀྱི་འཇུག་ངོགས་དེ།

།ཇི་ལྟར་ནུས་བཞིན་བདག་གིས་བཤད་པར་བྱ། །༡

【2】 གང་དག་སྲིད་པའི་བདེ་ལ་མ་ཆགས་ཤིང་།

།དལ་འབྱོར་དོན་ཡོད་བྱ་ཕྱིར་བརྩོན་པ་ཡིས།

།རྒྱལ་བ་དགྱེས་པའི་ལམ་ལ་ཡིད་རྟོན་པའི།

།སྐལ་ལྡན་དེ་དག་དང་བའི་ཡིད་ཀྱིས་ཉོན། །༢

【3】 རྣམ་དག་ངེས་འབྱུང་མེད་པར་སྲིད་མཚོ་ཡི།

།བདེ་འབྲས་དོན་གཉེར་ཞི་བའི་ཐབས་མེད་ལ།

།སྲིད་ལ་བརྐམ་པ་ཡིས་ཀྱང་ལུས་ཅན་རྣམས།

།ཀུན་ནས་འཆིང་ཕྱིར་ཐོག་མར་ངེས་འབྱུང་བཙལ། །༣

【4】 དལ་འབྱོར་རྙེད་དཀའ་ཚེ་ལ་ལོང་མེད་པ།

།ཡིད་ལ་གོམས་པས་ཚེ་འདིའི་སྣང་ཞེན་ལྡོག

།ལས་འབྲས་མི་བསླུ་འཁོར་བའི་སྡུག་བསྔལ་རྣམས།

།ཡང་ཡང་བསམ་པས་ཕྱི་མའི་སྣང་ཞེན་ལྡོག ། ༤

【5】 དེ་ལྟར་གོམས་པས་འཁོར་བའི་ཕུན་ཚོགས་ལ།

།ཡིད་སྨོན་སྐད་ཅིག་ཙམ་ཡང་མི་སྐྱེ་ཞིང་།

།ཉིན་མཚན་ཀུན་ཏུ་ཐར་པ་དོན་གཉེར་བློ།

།བྱུང་ན་དེ་ཚེ་ངེས་འབྱུང་སྐྱེས་པ་ལགས། ། ༥

【6】 ངེས་འབྱུང་དེ་ཡང་རྣམ་དག་སེམས་བསྐྱེད་ཀྱིས།

།ཟིན་པ་མེད་ན་བླ་མེད་བྱང་ཆུབ་ཀྱི།

།ཕུན་ཚོགས་བདེ་བའི་རྒྱུ་རུ་མི་འགྱུར་བས།

།བློ་ལྡན་རྣམས་ཀྱིས་བྱང་ཆུབ་སེམས་མཆོག་བསྐྱེད། ། ༦

【7】 ཤུགས་དྲག་ཆུ་བོ་བཞི་ཡི་རྒྱུན་གྱིས་ཁྱེར།

།བཟློག་དཀའ་ལས་ཀྱི་འཆིང་བ་དམ་པོས་བསྡམས།

།བདག་འཛིན་ལྕགས་ཀྱི་དྲ་བའི་སྦུབས་སུ་ཚུད།

།མ་རིག་མུན་པའི་སྨག་ཆེན་ཀུན་ནས་འཐིབས། ། ༧

【8】 མྱུ་མེད་སྲིད་པར་སྐྱེ་ཞིང་སྐྱེ་བ་རུ།

།སྡུག་བསྔལ་གསུམ་གྱིས་རྒྱུན་ཆད་མེད་པར་མནར།

།གནས་སྐབས་འདི་འདྲར་གྱུར་པའི་མ་རྣམས་ཀྱི།

།ངང་ཚུལ་བསམས་ནས་སེམས་མཆོག་བསྐྱེད་པར་མཛོད། ། ༨

【9】 གནས་ལུགས་རྟོགས་པའི་ཤེས་རབ་མི་ལྡན་ན།

།ངེས་འབྱུང་བྱང་ཆུབ་སེམས་ལ་གོམས་བྱས་ཀྱང་།

།སྲིད་པའི་རྩ་བ་གཅོད་པར་མི་ནུས་པས།

།དེ་ཕྱིར་རྟེན་འབྲེལ་རྟོགས་པའི་ཐབས་ལ་འབད། ། ༩

【10】 གང་ཞིག་འཁོར་འདས་ཆོས་རྣམས་ཐམས་ཅད་ཀྱི།

།རྒྱུ་འབྲས་ནམ་ཡང་བསླུ་བ་མེད་མཐོང་ཞིང་།

།དམིགས་པའི་གཏད་སོ་གང་ཡིན་ཀུན་ཞིག་པ།

།དེ་ནི་སངས་རྒྱས་དགྱེས་པའི་ལམ་ལ་ཞུགས། ། ༡༠

【11】 སྣང་བ་རྟེན་འབྲེལ་བསླུ་བ་མེད་པ་དང་།

།སྟོང་པ་ཁས་ལེན་བྲལ་བའི་གོ་བ་གཉིས།

།ཇི་སྲིད་སོ་སོར་སྣང་བ་དེ་སྲིད་དུ།

།ད་དུང་ཐུབ་པའི་དགོངས་པ་རྟོགས་པ་མེད། ། ༡༡

【12】 ནམ་ཞིག་རེས་འཇོག་མེད་པར་ཅིག་ཅར་དུ།

།རྟེན་འབྲེལ་མི་བསླུར་མཐོང་བ་ཙམ་ཉིད་ནས།

།ངེས་ཤེས་ཡུལ་གྱི་འཛིན་སྟངས་ཀུན་འཇིག་ན།

།དེ་ཚེ་ལྟ་བའི་དཔྱད་པ་རྫོགས་པ་ལགས། ། ༡༢

【13】 གཞན་ཡང་སྣང་བས་ཡོད་མཐའ་སེལ་བ་དང་།

།སྟོང་པས་མེད་མཐའ་སེལ་ཞིང་སྟོང་པ་ཉིད།

།རྒྱུ་དང་འབྲས་བུར་འཆར་བའི་ཚུལ་ཤེས་ན།

།མཐར་འཛིན་ལྟ་བས་འཕྲོག་པར་མི་འགྱུར་རོ། ། ༡༣

【14】 དེ་ལྟར་ལམ་གྱི་གཙོ་བོ་རྣམ་གསུམ་གྱི།

།གནད་རྣམས་རང་གིས་ཇི་བཞིན་རྟོགས་པའི་ཚེ།

།དབེན་པ་བསྟེན་ཏེ་བརྩོན་འགྲུས་སྟོབས་བསྐྱེད་ནས།

།གཏན་གྱི་འདུན་མ་མྱུར་དུ་སྒྲུབས་ཤིག་བུ། ། ༡༤

ཞེས་པ་འདི་ནི་མང་དུ་ཐོས་པའི་དགེ་སློང་བློ་བཟང་གྲགས་པའི་དཔལ་གྱིས་ཚ་ཁོ་དཔོན་པོ་ངག་དབང་གྲགས་པ་ལ་གདམས་པའོ།

《聖道三要》

傑・宗喀巴 撰

（藏譯中）

禮敬諸至尊上師！

【1】

勝者一切經典心要義，
一切殊勝佛子讚揚道，
諸求解脫有緣者入門，
我當盡己所能而宣說。

【2】

凡不貪著輪迴三有樂，
為令暇滿有義故以勤，
心意依止勝者歡喜道，
彼等有緣請以淨意聞！

【3】

若無清淨出離輪迴心，
無法止尋有海安樂果。
貪有亦將遍縛諸有身，
是故首先應當求出離。

《聖道三要》

傑．宗喀巴 撰

（英譯中）

向珍貴的上師們致敬！

【1】

在此我將盡我所能地解釋：

勝者的一切經典的核心重點、

一切殊勝的菩薩所讚揚的道，

以及希求解脫的有緣者的入門。

【2】

不貪著輪迴三有的安樂、

努力要讓現世的閒暇和機會（八有暇與十圓滿）有意義，

以及把信心安置於令諸勝者歡喜之道的那些有緣者，

請用開放的心態來聽聞！

【3】

若無清淨的出離心，

對輪迴大海的安樂與結果的嚮往，便無法止息。

因為對於三有的渴望，會徹底地束縛住我們，

因此，首先要尋求真正的出離心。

【4】

暇滿難得壽命不暫留，
心中習此能遮今生觀。
業果無欺輪迴諸痛苦，
一再思此能遮來生觀。

【5】

如上串習於輪迴圓滿，
連一剎那希願亦不生，
日以繼夜希求解脫心，
若起爾時出離心已生。

【6】

復次若此出離輪迴心，
未由清淨覺心所支持，
不成無上正覺安樂因。
故諸智者當發勝覺心。

【7】

眾生為四瀑流所席捲，
難以抗拒業繩堅繫縛，
陷入我執鐵網牢籠中，
復被無明漆黑遍籠罩。

【4】

人身是如此難得，而且時間也不會為我們停留，
經由培養這種心態，我們對於現世的關注將會停止。
透過反覆地思惟業的真理和輪迴之苦，
我們對於來世的關注將會停止。

【5】

以這種方式串習你的內心之後，你不再欣羨於輪迴三有的榮景盛事（the riches），
甚至連一剎那這樣的心也不會產生，
而希求解脫的想法能不分晝夜地產生時，
這時，真正的出離心已經產生了。

【6】

這樣的出離心，
假如沒有清淨的菩提心進一步支持的話，
將不會成為無上正覺的圓滿安樂之因。
因此，有智之士啊！要發起殊勝的菩提心。

【7】

眾生持續被四條強而有力的河流所席捲，
他們被最難掙脫的業的枷鎖緊緊束縛，
他們身陷於我執的鐵網當中，
他們被無明的濃霧所籠罩。

【8】

生於無邊輪迴三有中，
生時不斷遭受三苦逼，
已陷如是困境眾慈母，
思已應當引發殊勝心。

【9】

不具通達實相般若慧，
雖修出離心與菩提心，
不能截斷輪迴三有根，
故應勤證緣起之方便。

【10】

凡是能見一切輪涅法，
因果關係全然無欺誑；
又能盡滅任何實所緣，
則彼已入佛陀歡喜道。

【11】

表象緣起全然無欺誑，
以及空性不許有自性，
乃至此二理解個別現，
仍舊未解能仁之密意。

【8】

他們在毫無止盡的輪迴三有當中受生，
在那裡他們持續受到三種苦的逼迫。
透過思惟你〔過去生生世世的〕所有母親
受這種苦的情況，
應當發起殊勝的菩提心。

【9】

如果沒有瞭解究竟本質的智慧，
即使你已經熟悉出離心和菩提心，
你仍將無法切斷輪迴三有的根本。
因此，要努力於瞭解緣起的方法。

【10】

當對於輪迴與涅槃的一切現象，
你可以看到因果法則絕不虛妄；
而且當你已滅除（消融）
醉心於客觀存在或自性存在時，
你已進入令諸佛歡喜之道了。

【11】

只要關於「表象是無欺誑的緣起」
和「空性即離主張有自性」這兩種理解，
依然還是分離的話，
那麼，你仍無法瞭解能仁（佛陀）的密意。

【12】

一旦俱起而非交替現，
方見緣起無欺之當下，
若即盡滅實執所取境，
爾時則已圓滿見觀察。

【13】

復次若知以現除有邊，
及以空分斷除虛無邊，
以及空性現為因果理，
則將不為邊執見所奪。

【14】

如是聖道三要諸關鍵，
當汝如實獲得定解時，
依寂靜處發起精進力，
兒啊！應速成就究竟願！

以上是多聞比丘羅桑・察巴・吉祥（Lobsang Drakpai Pal）給予擦廓（Tsakho）地方首長昂望・察巴（Ngawang Drakpa）的教誡。

【12】

但是，當〔這兩種見解〕不是交替出現，
而是在你看見緣起無欺的那一瞬間〔出現〕，
實有執的所有對境（實有或自性存在）即刻瓦解，
那時你對於正見的分析，則已經完全成熟。

【13】

更進一步，當表象（緣起）消除有邊（實有邊或常邊）
而空性消除無邊（虛無邊或斷邊），
而且你瞭解到空性如何現為因果關係時，
你將絕不會再被各種邊執見所迷惑。

【14】

一旦你如實瞭解「道」的三個主要面向的核心要義時，
徒兒啊！尋找寂靜之處（阿蘭若處），
藉著提升你堅持不懈的力量，
迅速達成你的究竟目標。

以上是多聞比丘羅桑・察巴・吉祥（Lobsang Drakpai Pal）給予擦廓（Tsakho）地方首長昂望・察巴（Ngawang Drakpa）的教誡。

1

修習甚深

截至目前為止，我已經依據龍樹的《中論》當中非常重要的三品（第18、24、26品）的解釋，介紹了佛道的基本架構。我們現在應該進入第二個部分，也就是怎樣把所有這些理解，一起帶到真正佛法修習的架構當中，我將基於宗喀巴的短篇論著《聖道三要》來解釋這點。宗喀巴在其論著中所說的三個面向，就是真正的出離心、菩提心和空性正見。

堅實的基礎

首先，簡短回顧一下我撰寫的〈吉祥那爛陀寺十七位大班智達祈願文〉這部祈願文，亦即我們稍早讀過的第20偈：

通達事物本質二諦義，
四諦確定輪轉與還滅，
由量所引堅信三皈依，
奠定解脫道本祈加持！

透過理解二諦（事物的存在方式），
我將確定我們如何經由四諦而於輪迴中流轉與還滅，
我將更堅定由理解（量，有效認知）
所引生的對於三寶的敬信，
惟願加持解脫道的根本能深植我心！

假如我們基於深刻思惟先前各章中所提出的、有關十二緣起支和空性見的教法，而增長對於佛法意義的深度理解的話，那麼我們將在內心當中種下解脫的種子。我們當然會以源自於學習（聞所成慧）的知識理解（思所成慧）作為開始，但是一旦我們對於空性的重要性，有某種知識上的瞭解（思所成慧）時，便會開始意識到，要從輪迴三有中證得解脫是有可能的。對我們而言，涅槃或解脫的可能性，以及證得這個目標的方法，會變得更實際、更能觸及。

透過這類的理解，我們會對佛法所要指出的意義——煩惱的真正滅除（滅聖諦），獲得更深刻的理解。而達成這個目標的「道」（道聖諦），正是佛法。一旦我們對於法寶（滅聖諦與道聖諦）的意義有深刻的理解時，對於在不同經驗層面體現佛法理解的僧伽（僧寶），便會更深刻地理解其意義。而且一旦我們有這類的理解時，便能想像一個代表證悟與佛法知識圓滿的真正佛寶。如此一來，我們便是基於對於佛、法、僧三寶本質的深刻理解，而增長對於它們的深信。以這樣的方式，我們建立了解脫道的基礎。

假如我們對於三寶的本質有這樣的深度理解、有植基於四聖諦教法的深刻理解，以及以空性為基礎的理解時，那麼，我們將深刻地辨識出輪迴三有的未覺悟本質。當我們以這個作為基礎，而開發出感受深刻的決心，以及從這個無明證得解脫的真正的切願時，那就是真正的出離心——真正希求解脫的心。

一旦我們已經體悟出離心，並把焦點轉移到其他眾生，而思惟他們受苦的情況時，這將導引體悟大悲心。當我們更進一步培養大悲心時，它會取得極大的勇氣和責任感。在那時，我們的大悲心是以「特殊大悲心」或「特殊的利他決心」（增上意樂）而為人所知。當再進一步開發大悲心時，最終它將在菩提心或利他的覺悟之心的體悟中，臻於極致。菩提心具有兩種切願：（一）熱切為他人帶來福祉；（二）為了這個目標而熱切希求佛果。[1]這就是我們體悟真正菩提心的必經過程。

有系統的進路

你能夠看見菩提心，甚至佛教當中所有的成就，其基礎均是真正的出離心。但是，這種出離心的體悟只會在漸次、有系統的訓練中產生，亦即透過一連串漸進修習的基礎上產生。在第一個階段，你要培養許多方法去降低對現世過度熱中的關注（心捨現世八法）。一旦做到這點時，接著要去培養能克服對來世過度熱中關注的修習。藉由那些修習，你會逐漸產生一個真正想要從輪迴三有中證得解脫的切願。

在四世紀無著大師的著作[2]當中，不同的術語被用來指涉不同層次的修行者：下士（初階修行者）、中士（中階修行者）和上士（進階修行者）等等。基於無著對各種層次修行者所作的區分，阿底峽（Atisha, 982-1054）在他的《菩提道燈論》（*Lamp for the Path to Enlightenment*；梵*Bodhipathapradipa*）中，在三種範疇的修習，亦即下士道次第（初階範疇）、中士道次第（中階範疇）和上士道次第（進階範疇）的架構底下，提出佛道的完整要素。

阿底峽的這個有次第的進路，被西藏佛教的四個主要學派所採納。例如，在寧瑪的傳統中，龍欽巴（Longchenpa, 1308-64）特別在他的《心性休息論》（*Mind at Ease*）中，以所謂「遠離四種錯誤態度的轉心」[3]的觀點，有系統闡述關於道次第的基本架構，而在他的《如意寶藏論》（*Treasury of the Wish-Fulfilling Gem*）[4]也可以發現到相同的進路。在噶舉傳統中，岡波巴（Gampopa, 1079-1153）的《解脫寶莊嚴論》（*Jewel Ornament of Liberation*）則對於「道」提出一個類似的漸進、有系統的進路，其中以「轉心四思惟」[5]的觀點，來說明「修心」（心的訓練）。在薩迦傳統有關「道果」（Lamdré）的教法中，我們也可以發現類似的進路，其中強調以有系統、漸進的方式來克服表象等等。薩迦．班智達（Sakya Pandita, 1182-1251）《闡明佛陀密意》（*Clarifying the Buddha's Intent*）也採取一個類似的、有系統的進路。最後，格魯學派就它有關「菩提道次第」的教法來看，則很明確是依循阿底峽的進路。

如此一來，我們可以看到：廣義來說，「修心」的有系統進路，首先要辨識人類存在的價值（思惟暇滿人身的意義重大和難得），接著開發出離心等等，在西藏佛教的所有四個主要學派中都提出這點，這是基於阿底峽的《菩提道燈論》所提出的順序。

假如我們檢視自己的經驗，也可以看到有系統的進路對於修行的價值。例如，假如我們仔細地深思，將會體認到要開發一個真正想要從輪迴三有脫離的切願——真正對於涅槃的切願，必須找出克服貪著這個尚未覺悟之存在（即輪迴三有）的盛事與安樂的方法。只要我們還沒有真心想要從輪迴三有的本質與榮景中掉頭過來，對於解脫的希求就將絕不會是真的，這點暗示了我們必須設法把心從熱中於輪迴狀態的命運和來世中扭轉回來。而一開始，我們必須要能夠把心從對於現世事件的迷戀中扭轉回來，因為假如我們完全沉浸在對於現世的關懷當中，那麼盼望下一世有更美好未來的想法，便沒有機會冒出頭來。

要終結上述這種過度熱中於〔現世〕的方法，就是要去深思無常性質和生命稍縱即逝的本質。當我們思索生命稍縱即逝的本質時，那麼想要去照顧未來命運的想法，就會變得更重要。而過度熱中於關切來世，也可以透過深思業的因果，以及特別是思惟輪迴三有的過患，以同樣的方式來降低它。

關於修心系統的進路，從較早期的典籍來源而言，我們可引用聖提婆的《中觀四百論》。聖提婆是龍樹的首要弟子，而他的著作在進入正文之前，是以「立誓造論」作為開始。值得注意的是，這部著作沒有傳統習慣上所用的「歸敬偈」（書首禮讚），這是因為他認為這部著作只是龍樹《中論》的補充而已。

在《中觀四百論》中，聖提婆如下寫道：

> 首先，我們必須停止罪惡的行為（非福行）；其次，我們必須停止〔對於〕「我」〔的執取〕；而且最後，我們必須停止〔堅執〕一切見解。知道這樣的一條道路的人，才真的有智慧。[(6)]

這首偈頌為「修心」指出了有系統的順序。

一般而言，宗喀巴撰寫了三部有關「菩提道次第」的典籍：《菩提道次第廣論》（*Great Treatise on the Stages of the Path*）、《菩提道次第中論》（*the Middle-Length Stages of the Path*，《菩提道次第略論》）和《道次第證道歌》（*Lines of Experience*，《道次第攝義》）。[7]所有這些「道次第」的典籍也都陳述有系統、「修心」的順序。例如，它們都以深思人類存在（人身）的價值與潛能作為開始，人身被賦予了惡趣所無法提供的機會（即具備十種圓滿的順緣）與閒暇（即遠離八種無暇的逆緣）。在這個（思惟暇滿人身、意義重大和難得）之後，要去思考死亡的必然性與迫切性，亦即生命的稍縱即逝。接著，是向三寶尋求皈依，然後是它的戒律，也就是依循業的因果法則過生活。這些思惟和行為的總集，為下士道次第修行者（下士）提出一套完整的修習。

就某個意義而言，在「道次第」的典籍中，不論是下士、中士或上士，對應於每個人的一套特定修習，本身都可以視為是完整的。例如，關於「下士道次第」的章節所提出的「道」的完整要素，對於實現下士道次第的精神切願或達到有利的投生（增上生或人天善趣）而言，是必要的。同樣地，涵蓋下士道次第的中士道次第，則包含了達成其目標之所有必要的修習，其目標就是從輪迴三有中解脫出來。最後，當上士道次第的修習（以下士道次第與中士道次第的修習為其前行或基礎）時，則足以帶領修行者到達圓滿覺悟的目標。

我們這裡正在處理的《聖道三要》這部短篇論著，雖然屬於「道次第」類型，但它所提出的某些修習要素，在順序上卻〔和一般「道次第」類型的典籍〕稍有不同。在克服過度關注來世的脈絡底下所提出的，對於業的觀修，便是一例。（譯按：一般

「道次第」類型的典籍中，業的觀修被置於克服過度關注現世而非來世的脈絡底下。）

出離心

現在，我們從宗喀巴的這部論著閱讀起，它是以傳統的「禮敬」作為開始：

禮敬諸至尊上師！

這個「禮敬」包含正確依止一位具格的精神老師的修習（即依止善知識的修習），這種修習不僅是現世且是未來生生世世所有功德〔產生〕的基礎。對上師們所作的禮敬，便是要強調這點。[8]

接著，在第1偈中，我們讀到：

【1】勝者一切經典心要義，
一切殊勝佛子讚揚道，
諸求解脫有緣者入門，
我當盡己所能而宣說。
在此我將盡我所能地解釋：
勝者的一切經典的核心要點、
一切殊勝的菩薩所讚揚的道，
以及希求解脫之有緣者的入門。

在這首偈頌中，作者立誓要撰寫這部論著。而在第2首偈頌中，他勸勉敦促那些具有善業的人（有緣者或有福者）聆聽他所要陳述的內容。

【2】凡不貪著輪迴三有樂，
為令暇滿有義故以勤，
心意依止勝者歡喜道，
彼等有緣請以淨意聞！
不貪著輪迴三有的安樂、
努力讓現世的閒暇和機會（八有暇與十圓滿）有意義，
以及把信心安置於令諸勝者歡喜之道的那些有緣者，
請用開放的心態來聽聞！

接下來的三首偈頌一起論述「道」的第一個主要面向——真正的出離心。第3偈在解釋培養真正出離心的重要；第4偈則為培養這樣的出離心提出實際的方法；而第5偈則在闡述產生真正出離心的度量或標準。這個修習（出離心的修習）的三個面向——其重要性、實際的方法和成功的度量，應該也適用於隨後那些偈頌（第6-8偈）中有關菩提心的論述。在第3偈中，我們讀到：

【3】若無清淨出離輪迴心，
無法止尋有海安樂果。
貪有亦將遍縛諸有身，
是故首先應當求出離。
若無清淨的出離心，
對輪迴大海的安樂與結果的嚮往，便無法止息。

因為對於三有的渴望，會徹底地束縛我們，
因此，首先要尋求真正的出離心。

在此表達的「真正出離心」，是在強調這裡所要尋求的特定出離心類型。即使動物本身也會從顯而易見的疼痛（苦苦）經驗中避開，並且厭惡這樣的痛苦，但那不是真正的出離心。同樣地，那些渴望來世投生於色界與無色界的禪修者，或許不受令人欣喜的感受（樂受）或苦的第二個層次（變異之苦或壞苦）所吸引，而喜歡完全中性的狀態（捨受或周遍行苦），但那也不是真正的出離心。我們在此所談論的「出離心」，是指甚至厭棄苦的第三個層次（周遍行苦）的想法。在此，你必須對於周遍行（普遍受到制約）是苦的一種形式，有根深柢固的認識，而且也要辨認這個制約的根源就是根本無明。因此，「真正的出離心」是真正並且深刻地想要解脫無明束縛的切願。這種心態建立在論理上的瞭解，並由智慧所推動。

人們有時會誤解「出離心」是對生命的厭倦，當他們在世間為成功而奮鬥，卻遭到失敗並遇到各種問題時，他們變得氣餒，而由於絕望，他們會說要拋棄一切事物。這不是我們所說的那種出離心，那是失敗主義，真正的出離心是建立在深切瞭解苦的本質和輪迴三有之上的。事實上，釋迦牟尼佛的咒語「唵・牟尼・牟尼・麻哈牟尼耶・梭哈」（Om muni muni mahamuniye svaha），是在祈求「有能力者，有大能力者」（the Able One, the Great Able One），也就是一位具有極大能力，並且對於能夠達成的目標有高度自信的覺悟者。這不是一種天真幼稚的自信或信心，而是基於瞭解與認識的自信。因此，佛教真正的出離心，不是灰心喪志之人感到無力並發出「我很累！可憐的我！」這種嘆息的出離心。

在這首偈頌中，它敍述了：「貪有亦將遍縛諸有身」（因為對於三有的渴望，會徹底地束縛我們），這指出了我們先前討論過的某個重點，也就是〔十二緣起支的第八支〕「愛」和〔第九支〕「取」會活化〔第二支〕「行」，並把業的習氣帶到一種即將感果的狀態（第十支「有」），這種狀態接著便會導致在輪迴三有中另一個投生（第十一支「生」）。我們已談論過有關假如業的習氣未被「取」活化並增強的話，那麼便不可能再次投生，而這裡的重點是，身為第一支「無明」所延伸的「取」，正是讓我們投生的東西。這就是為什麼當經典列出一個真正精神修習者的屬性時，會把從「愛」當中解脫列在首位的原因，因為「愛」和「取」正是把我們束縛於輪迴三有者。

關於培養真正出離心的實際方法，我們讀到：

【4a-b】暇滿難得壽命不暫留，
心中習此能遮今生觀。
人身是如此難得，而且時間也不會為我們停留，
經由培養這種心態，我們對於現世的關注將會停止。

這裡的重點，正如先前的章節[9]所討論的，就是真正想要證得解脫的切願，將只會在一個深刻瞭解四聖諦的基礎上產生，而這個瞭解，依序又來自於深度思惟並反省在輪迴中受生的動態因果關係。這暗示了要產生一個真正的出離心——想要解脫的切願，許多的反省或深思是必要的。因此，僅僅再次生而為人很顯然是不夠的〔，還必須進一步解脫輪迴〕。你必須運用自己的心和智慧，深入地和這些思考過程接軌。唯有如此，那時在你心中

才會產生真正的出離心。

身為人類或許難以瞭解真正的出離心，但是對其他的眾生來說，則幾乎不可能去培養。從那個觀點來看，便可以看到我們以人類的身分存在，它所帶來的利益有多麼大。而且，要具備這種深思能力的人類不僅很少，而給予我們去追求這種證悟的機會甚至更少。就這些方面來看，我們可以看到深思人類存在的價值和珍貴性的重要。

當我們瞭解以這種方式進行有系統的訓練時，那麼，我們將會欣賞在岡波巴的《解脫寶莊嚴論》中所看到的：「我們修行的基礎是佛性，也就是一切眾生本具的成佛本質或種子。」佛性理論描述我們都具有成佛的潛能，都具有去除心的染污並證得佛的圓滿智慧的可能性。因此，這個佛性或成佛的內在潛能，是真正的基礎或根基。

在這個基礎上，為了讓修道能成功，我們還需要具足某些條件。我們所需要的內在條件就是生而為人；外在條件是要遇到一位具格的精神導師。當內、外這兩個條件在佛性這個基礎上相遇，我們便將有機會逐漸克服並除去從最粗顯至最細微的心的所有染污。從這裡，我們再次看到，為什麼去珍惜由人身所帶給我們的機會，並把深思人身的可貴作為修行的要素，是那麼地重要。同樣地，因為遇到一位具格老師這個外在條件非常關鍵，因此，尋求並依止一位具格的老師，就變得非常重要。

具格的老師

老師的資格將會依所處的脈絡而有所差異。例如，在律典中提出有關老師的一整套特質，而且假如是跟道德戒律有關的受戒問題，那麼你必須確定你所尋求作為自己老師的這個人，具有律典當中所描述的那些基本資格。同樣地，關於一般大乘教法的典籍，也會列舉老師們的特定資格。例如，在彌勒的《大乘經莊嚴論》中，列出了大乘老師的十種特質。(10)而在金剛乘的教法中，四部密續[11]的每一部都提出具格老師所需的特定屬性。你必須確保自己熟悉一位老師的關鍵特質，以及你所尋求作為自己老師的這個人能具有這些特質。例如，一位老師應該具有道德戒律、平靜的心和經典方面的知識。理想的情況是，他（她）對於自己正在教導的內容具有真正的洞見，而且最低限度，在所教導的主題方面，要比學生更深入。直到你們對那個你們希望作為自己老師的人具備這些特質有某種確信之前，都必須仔細觀察並檢驗他（她）。與此同時，假如你們的確需要接受教法，那麼與他們的關係，要比較像是可跟他們進行對話和討論的法友，而不要將之視為正式的老師。否則，就像最近發生的情況，或許會有一些問題。你們必須謹慎。

在老師方面，宗喀巴已經在《廣論》當中強調，假如某個人的行為不符合戒律，那就根本不可能讓別人心中生起戒律。(12)假如你們沒有以戒律約束自己的心，你便無法調伏他人的心。因此，那些熱切想要教導並幫助他人的人，必須先調伏自己的心。披著僧袍並經營佛教中心的僧伽成員，尤其需要確保自己是符合真正的修行者和佛教僧團成員的典範來過生活。

接著，宗喀巴解釋調伏內心所需的過程。他說這個過程必須以佛道架構的一般進路作為基礎。如他所解釋的，「一般架構」就是戒、定、慧三增上學。我們必須先在這個基礎上調伏自己的心。(13)

比方說，某人成立佛法中心，而這個中心卻變成只是謀生的一個方式，這真的是非常危險。同樣地，假如一個中心變成純粹只是賺錢的工具，那也不太好。這點讓我想起來自貢波（Kongpo）的寧瑪派喇嘛策列·那措·朗追（Tselé Natsok Rangdröl）的自傳。他是一位比丘和偉大的修行者，在這部自傳中，他提到在西藏，從一個地方到另一個地方的主要方式是透過騎馬。他寫道，從非常年輕開始，他就因為出於對動物的悲心，便決定捨棄騎馬，總是從一個地方走到另一個地方；後來他也斷除肉食。因為他是一位帶有頭銜的喇嘛，因此所到之處都受到許多人或虔誠信徒的供養。就某方面來說，他覺得自己正變成一位販賣精神教法的商人。因此，他對自己所給予的教法，堅持不接受任何供養。他樹立了一個真正卓越的楷模。

幾年以前，我開始拒絕接受對於我所傳教法的任何供養。過去，人們習慣在說法結束時供養我，但是對我自己而言，我不需要任何金錢，身上不需要花費任何東西。以前，我會把供養金分配在各種應得〔這筆經費〕的計畫和事業上。但當這樣做時，有時我會忘記一些重要的計畫，有些人就會覺得自己被遺漏而感到失望，認為：「喔！達賴喇嘛沒有給『我們』任何經費，他給了『他們』。」這變成一項令人討厭的工作、一個不必要的責任，以及令人頭痛的事情——一直要憂慮誰應該得到這筆錢。因此，我清楚地聲明不接受任何供養，並藉此終止這個額外的負擔。相反地，主事者應該盡力維持票價的低廉，這樣才可以讓更多人負擔得起，並且從這些教法當中獲益。假如人們想要捐獻給不同事業的話，他們不需要透過我做這件事。

超越現世的利益

因此，我們在稍早讀到的「暇滿難得」（人身是如此難得），指出上述人身的珍貴與稀有。一般來說，東西愈有價值，構成它的原因（因）和條件（緣）就愈稀有。人身非常稀有，因為要把那些能成辦人身的因緣聚集起來，是非常困難的。不僅如此，我們的生命也是瞬間即逝，在這樣的情況下，我們必然會死亡；而且，死亡的時間何時將會發生，卻無法預測。我們必須以這樣的方式，去深思死亡的必然性與死期的不確定性，而且我們也必須認知到，在死亡時或死亡之後，除了我們從事過的佛法修習外，將沒有任何事物能利益自己。

就如我們在討論十二緣起支時所見到的一樣，認知（識）扮演著存放我們過去身、語、意等行為（行）所製造的潛能（習氣）的貯存者角色。當造下這樣的業行時，即使事件已經停止，但是它（業行或事件）會在認知當中留下印記（習氣）。這些印記會跨越生生世世地被運載下去，當它們碰到合適的條件（例如愛和取）時，這些印記便會被活化並增強，而感得其結果。

因此，當我們在說「死亡之後，只有佛法才能利益我們」這段話中提到「佛法」時，所要指的是我們烙印在自己認知當中善業的潛能（善業的習氣）。這些善業的潛能，唯有透過以合乎道德的精神意圖為動機去從事的行為，例如不論是以幫助別人的利他意圖，或具有如出離心、信心等其他正面特性的意圖所從事的行為，才會被烙印並培養。由這樣正面的意圖所發動的行為，才會形成善業。

死亡之後能利益我們的「佛法」，就是這些善業的潛能，我們會帶著它跨越至下一世。當我們臨終時，無論積累了多少財富，沒有任何財富可被帶至下一世；無論我們多有名氣，名聲將不會傳到下一世；無論我們有多少至親好友，他們之中沒有任何一人可被〔我們〕帶到下一世。唯一會被帶到下一世的事物，就是我們烙印在認知當中的業的潛能，不論它是善的或惡的。

一般而言，業行是透過我們的身、語或意而完成的。例如禮拜、繞行聖地、布施貧窮之人，這些是「身」的行為。同樣地，念誦咒語、祈願等等，則是「語」的佛法行為。最後，「意」的佛法行為，則包括如平等捨（平等對待一切眾生）、悲心、信心等善念，以及有關「道」的各種證悟。在身、語、意的行為當中，前兩個並不是最重要的，理由相當簡單：一個人可以透過身體和語言這兩方面，從事看起來像精神行為的禮拜、念誦咒語等，但同時卻暗藏禍心、貪婪或某種其他的煩惱，亦即這種身體和言語的行為可以和不善的行為（不善的心態）共存。因此，身體和言語的行為是次要的，它們不是真正的佛法修習。

真正的佛法修習是由「意」來踐履的。例如培養慈心和悲心、深思生命稍縱即逝的本質或思惟無我等善心的修習，它們無法和不善的心態共存。在善心修習佛法正活躍進行的這段期間，沒有任何惡行會發生。這就是為什麼「意」的佛法行為才是最重要的原因，「意」才是真正的佛法行為。

當瞭解到這點時，確保我們動機的清淨就變得非常重要了。我們修學佛法的動機，時常會受到世俗的關注（無論是長壽、財富、健康或世俗成就）所污染。當然，假如你們對財富或長壽的渴望是基於菩提心，也就是為了利益一切眾生而希求證得佛果，亦即假如所追求的長壽或財富，是作為促使達成那個究竟目標的有利條件的話，那就沒問題。另一方面，假如希求財富和健康變成你們的首要動機，那麼，即使你們念誦咒語或進行密續的儀軌，也只不過是世俗的行為罷了。

事實上，假如某人是為了變得有錢，而取悅財神瞻巴拉（Jambala），那瞻巴拉是否將會滿足他們的願望，這還是一個問題。瞻巴拉，一位大腹便便的神祇，或許看起來像一位百萬富翁，但是他將會給人們一百萬，這是令人懷疑的！我已經對西藏的民眾提醒過許多次，假如取悅瞻巴拉真的會讓人變成百萬富翁的話，那我們現在應該看到相當多的西藏百萬富翁才對，但情況並非如此！另一方面，我們在其他社會的確看到相當多的百萬富翁，他們並沒有取悅瞻巴拉，而是透過辛勤工作累積財富。因此，當從事精神活動時，我們的動機、意圖不被世俗的關懷所污染，這點是很重要的。

輪迴之苦

其次，我們讀到：

【4c-d】業果無欺輪迴諸痛苦，
一再思此能遮來生觀。
透過反覆地思惟業的真理和輪迴之苦，
我們對於來世的關注將會停止。

「業的真理」在此是指業的法則其〔果報是〕無可逃避的本

質。大體而言，假如你們造作一個特定的業，那你們將會感得這個業的果報。在此，就如先前所解釋的，思惟輪迴之苦的關鍵點是要辨認出：只要我們依然和根本無明束縛在一起，則真正持久的幸福便沒有出頭的機會。看到這點時，我們便會辨認到，輪迴三有就其本質而言，是有缺陷的。

為了瞭解如何思惟輪迴之苦，我們可以把第7偈提前到開發真正出離心的脈絡這裡來：

【7】眾生爲四瀑流所席捲，
難以抗拒業繩堅繫縛，
陷入我執鐵網牢籠中，
復被無明漆黑遍籠罩。
衆生持續被四條強而有力的河流所席捲，
他們被最難掙脫的業的枷鎖緊緊束縛，
他們身陷於我執的鐵網當中，
他們被無明的濃霧所籠罩。

在〔《聖道三要》〕中，這些深思是在發起菩提心的脈絡底下提出來的。悲心和真正的出離心非常類似，差異在於深思的焦點，真正的出離心跟我們本身和自己的苦有關，而悲心則跟其他眾生和他們的苦有關。所以，當培養真正的出離心時，會有助於提升這些深思，並將它們擴展到自己身上。底下將要說明，我們要如何做到這點。

首先，我們反思「眾生為四瀑流所席捲」的這個事實。「四流」（四條河流）在此是指生、老、病、死，我們被這四條強而有力的河流無情地沖激著。正如在下一行當中所說的，當這個情況發生的同時，我們還被業的枷鎖緊緊束縛著。假如只有被水席捲但未被綁住的話，我們至少還有些許逃脫的希望；但是因為四肢都被綁住，因此，逃脫的希望甚至更加渺茫了。

在有關十二緣起支的討論當中，我們看到當有「生」時，「老」和「死」是如何產生的情況。第十一支「生」是由第十支「有」或受到增強的業的潛能所產生，當受到「愛」和「取」活化時，這個受到增強的業的潛能便產生了。而上述這些情況，唯有當造作第二支「有意志的行為」或「業行」時，才會依序成為可能，而業行則又依序被第一支「根本無明」所發動。若無根本無明，業行將不會發生；而若無業行，那隨後這些緣起支都將終止。我們必須去深思自己怎樣被業的連鎖諸支所束縛，以及在這條生、老、病、死的水流中持續被席捲的情況。

在此之上，我們身陷在一個我執（補特伽羅我執）的鐵籠當中。「我執」是把「人」（補特伽羅）執為自我存在，執著自己個人的存在為自性真實，這也被稱為「自我本位的執著」（egoistic grasping）。而且當身陷在這個鐵籠當中時，我們完全被無明的濃霧所籠罩，〔而濃霧〕在此是指把一切現象執為自性存在的執著（法我執）。

所有這些都是要指出底下的情況：基於把一切現象執為自性真實（法我執），自我或「我存在」的執著（補特伽羅我執）便產生了。基於自我本位的執著，我們會去造業。而這個業會帶來一連串如生、老、病、死的情況。假如以這樣的方式去思惟，最終你將會瞭解三有的輪迴是近乎無限的，亦即沒有可以辨識的終點。在這個輪迴三有的陷阱中，我們無止盡地受到三種類型的苦所折磨。如此一來，我們瞭解到，雖然宗喀巴是在因他人之苦而生大悲的脈絡底下表達這些思惟，但是同一首偈頌（第7偈）也可以提出來並運用在自己的苦當中，作為開發真正出離心的一個方法。

判斷真正出離心的基準

接著，下一首偈頌對於已經產生的真正出離心，提出判斷的基準。我們讀到：

【5】如上串習於輪迴圓滿，
連一剎那希願亦不生，
日以繼夜希求解脫心，
若起爾時出離心已生。
以這種方式串習你的內心之後，
你不再欣羨於輪迴三有的榮景盛事（the riches），
甚至連一剎那這樣的心也不會產生，
而希求解脫的想法能日以繼夜地產生時，
這時，真正的出離心已經產生了。

這裡的重點是，當你從內心深處看見，無明是可能被去除時，那時開發真正希求解脫的想法，就會變得更實際可行。

這裡的進路真正反映了我們已經談論過的一般佛教進路。當談到佛道的進路時，我們可以將之分為兩個進路，一個是反映基本佛教架構的非常一般的進路；而另一個則會是適合特定的個人或特定脈絡底下的進路。這裡所描述的〔進路〕和龍樹的《中論》一致，他內心所設定的聽眾和修行者，是利根者或法行者（心智機能較高的人）。這個描述反映了大乘道的一般進路，其中，修行者對於解脫的本質培養深刻的瞭解，因此在開發真正的出離心之前，〔培養〕對於空性的深刻瞭解。修行者基於對於空性的瞭解，而辨認到解脫是可能的，這個認識會引發對於解脫的真正希求。

同樣地，一位菩薩行者在開發真正的菩提心之前，首先必須對所追求的覺悟本質有些許的瞭解，對於這點而言，瞭解空性是關鍵。這個進路適合利根者或法行者，而或許不適合鈍根者或信行者，這是可以理解的，但是這樣的修行者所瞭解的真正出離心或欲證解脫的希求，並不包含「解脫」是由什麼組成的一種清楚確定的觀念。他們〔對於解脫〕的觀念有點模糊，但是對他們而言，依然強而有力到足以開發一個真正希求解脫或佛果的想法。

菩提心：覺悟之心

「道」的第二個主要面向——菩提心——的說明，始於第6偈。首先要說明的是，為什麼開發菩提心或覺悟之心是如此重要。我們讀到：

【6】復次若此出離輪迴心，
　　未由清淨覺心所支持，

不成無上正覺安樂因。
故諸智者當發勝覺心。
這樣的出離心，
假如沒有清淨的菩提心進一步支持的話，
將不會成為無上正覺的圓滿安樂之因。
因此，有智之士啊！要發起殊勝的菩提心。

如這首偈頌所述，假如真正出離心沒有伴隨菩提心的話，那我們便無法證得圓滿覺悟。

接著，第7偈和第8偈的前兩句說明培養菩提心的實際方法。如同在上面所見到的，當我們把所讀過的這些句子結合到自己的情況時，它們會引發真正的出離心。而當在其他眾生受苦的脈絡底下讀到〔這些句子〕時，它們會引生我們的大悲心。

【7】眾生爲四瀑流所席捲，
難以抗拒業繩堅繫縛，
陷入我執鐵網牢籠中，
復被無明漆黑遍籠罩。
衆生持續被四條強而有力的河流所席捲，
他們被最難掙脫的業的枷鎖緊緊束縛，
他們身陷於我執的鐵網當中，
他們被無明的濃霧所籠罩。

【8a-b】生於無邊輪迴三有中，
生時不斷遭受三苦逼。
他們在毫無止盡的輪迴三有當中受生，

在那裡他們持續受到三種苦的逼迫。

接著，在第8偈的後兩句中，我們讀到：

【8c-d】已陷如是困境眾慈母，
思已應當引發殊勝心。
透過思惟你〔過去生生世世的〕
所有母親受這種苦的情況，
應當發起殊勝的菩提心。

發起悲心的方法，首先是要辨認苦的本質。我們先前在自己受苦的脈絡底下討論這點（第7偈），而現在，我們把相同的分析運用到他人所受的痛苦上，以便體會他們的疼痛本質，並且開發希望他們從其中解脫的悲心。在此，宗喀巴使用「母親」這個語詞，「眾慈母」指的是其他一切眾生。你稱他們為「母親」，是要激發自己內心對他們的一種深刻親密感，並且真正關心他們的福祉。

這兩個因素——瞭解痛苦的本質和與其他眾生的親近感受，變成開發一個真正渴望確保他人福祉的基礎。當這個希望減輕他人痛苦的悲心，被無條件地擴展到一切眾生時，那你已經瞭解所謂的「大悲心」了。接著，大悲心會導出由自己為他人帶來福祉的承諾之感，這時「特殊的利他決心」（增上意樂）已經在你心中產生了。然後，當你為了達成〔利他的〕目標，而對於佛果位（圓滿覺悟）開發一個真正、自然而然的切願時，那時你已經發起菩提心了。如稍早所述的，菩提心是利他的覺悟之心，它具有兩個切願：（一）為他人帶來福祉的切願；（二）為了達到這個目標而希望證得覺悟的切願。

菩提心生起的基準，可以依稍早討論過的，已經產生出離心的基準作為基礎來類推。簡而言之，當這種為了利他而希望覺悟的想法，已經變成你所有的身、語、意行為背後的推動力量時，你已經證得菩提心了。

觀修空性

接著，在第9偈中解釋觀修空性的重要性，其中我們讀到：

【9】不具通達實相般若慧，
雖修出離心與菩提心，
不能截斷輪迴三有根，
故應勤證緣起之方便。
如果沒有瞭解究竟本質的智慧，
即使你已經熟悉出離心和菩提心，
你仍將無法斬斷輪迴三有的根本。
因此，要努力於瞭解緣起的方法。

我們已經在有關龍樹《中論》的幾個章節中，相當廣泛地檢視空性了，因此，這裡不需要再次詳細探究。

在下一首偈頌中，我們可以看到什麼才是真正瞭解空性。我們讀到：

【10】凡是能見一切輪涅法，
因果關係全然無欺誑；

又能盡滅任何實所緣，
則彼已入佛陀歡喜道。
當對於輪迴與涅槃的一切現象，
你可以看到因果法則絕不虛妄；
而且當你已滅除（消融）
醉心於客觀存在或自性存在時，
你已進入令諸佛歡喜之道了。

假如你在沒有違背因果法則的情況下，消除一切真實存在的表象，那你已經找到空性的真正理解，並且已經進入「令諸佛歡喜之道」。

然後，我們讀到：

【11】表象緣起全然無欺誑，
以及空性不許有自性，
乃至此二理解個別現，
仍舊未解能仁之密意。
只要關於「表象是無欺誑的緣起」
和「空性即離主張有自性」這兩種理解，
依然還是分離的話，
那麼，你仍無法瞭解能仁（佛陀）的密意。

只要你對於表象的世界或世俗的真實，以及空性的世界或究竟本質的瞭解，彼此依然不一致，亦即當它們依然分離並彼此牴觸時，那麼你還沒有充分理解佛陀的密意（真正的想法）。

接著，宗喀巴進一步寫道：

【12】一旦俱起而非交替現，
方見緣起無欺之當下，
若即盡滅實執所取境，
爾時則已圓滿見觀察。
但是，當〔這兩種見解〕不是交替出現，
而是在你看見緣起無欺的那一瞬間〔出現〕，
實有執的所有對境（實有或自性存在）即刻瓦解，
那時你對於正見的分析，則已經完全成熟。

這首偈頌說明了充分理解空性的基準。當你透過緣起的觀點來理解空性，而且透過空性的觀點來理解緣起，如同一個硬幣的兩面，當你毫無遺漏地完全否定自性存在時，你的瞭解即達圓滿。於正常的情況下，當我們在日常經驗中認知事物時，我們會把它們視為具有某種客觀的自性真實，然後便跟隨那個表象走。但是，一旦你真正理解空性時，當你認知事物的一瞬間，那個表象本身便足以立即引發你對空性的理解。也就是說，你不會立刻執著事物為自性真實，取而代之的是，現在你會立即留意：「是的，這個事物雖顯現為自性真實，但是它並非如此。」意即這個表象本身自動引出你對於空性的理解。當這個情況發生時，你已經完成分析的過程了。

接著，在下一偈我們讀到：

【13】復次若知以現除有邊，
及以空分斷除虛無邊，
以及空性現爲因果理，
則將不爲邊執見所奪。

更進一步，
當表象（緣起）消除有邊（實有邊或常邊），
而空性消除無邊（虛無邊或斷邊），
而且你瞭解到空性如何現為因果關係時，
你將絕不會再被各種邊執見所迷惑。

這首偈頌跟月稱在《入中論》當中所寫的互相呼應：

如影像等法本空，觀待緣合非不有，
於彼本空影像等，亦起具彼行相識。
如是一切法雖空，從空性中亦得生。(14)
就像倒影、回音等等，雖然任何實質真實是空的，
但是卻依然顯現。
雖然會遇的形色、感受等等這些條件、現象，缺乏自性存在，
但是卻以它們自己特性和體性，從空性中產生。

這裡的重點是，空性本身好像扮演讓這個多采多姿的世界繁榮茂盛的一個「因」一般，就某種意義來說，一切現象都是空性的顯現，都是從空性的領域中產生的一種遊戲。第13偈回應了月稱《入中論》當中那些偈頌。

最後一首偈頌是結語，它勸勉修行者投入於這些教法當中。宗喀巴寫道：

【14】如是聖道三要諸關鍵，
當汝如實獲得定解時，
依寂靜處發起精進力，

兒啊！應速成就究竟願！
一旦你如實瞭解「道」的三個主要面向的核心要義時，
徒兒啊！尋找寂靜之處（阿蘭若處），
藉著提升你堅持不懈的力量，
迅速達成你的究竟目標。

這是基於《聖道三要》所作的非常簡要的解釋，也就是如何把我們在先前（第一部）的幾個章節（第1至第4章）中討論過的所有要點，都將之帶到實修的領域當中。

培養理解

假如你對於佛法修行的態度是認真嚴肅的，那麼，對於教法培養正確的理解就很重要。首先，閱讀佛典很重要，你閱讀的佛典愈多，就愈能擴展你的學習與閱讀的視野，也就愈能發現有益於自己的瞭解與修行的資源。由於深入研究並思惟所學習的內容，就像關於你個人的理解一樣，當你對於每個主題都已開發而達到深刻確信「這就是它何以如此」時，這就暗示你已經證得所謂的「思所成慧」（透過思惟或反省所導致的瞭解）。在思所成慧之前，你的所有瞭解都將會是「聞所成慧」（知識上的瞭解），但到了這點時，它會轉移。〔在思所成慧〕之後，你必須培養熟悉度，也就是讓它變成日常習慣的一部分（修所成慧）。你愈培養熟悉度，它就會愈變成你的經驗。

關於「道」，理所當然有兩個面向：方便和智慧。一般而言，「道」的方便面向比較容易瞭解，而且要對它開發更深刻的信念也比較容易，它會引發強而有力的情緒。而就「道」的智慧面向來說，雖然在培養瞭解與深刻確信的最初階段是更困難，但是一旦你獲得甚深的確信時，便可經驗強而有力的感受和情緒。

但是，你不應該期待像這樣的事物將必定可在幾年內達成。關於修行的持續時間，從經典當中的敘述去尋求激勵，是很重要的。經典解釋，要證得圓滿覺悟，需要花三大阿僧祇劫的時間。寂天也在《入菩薩行論》當中說：「乃至有虛空，以及眾生住，願我恆安住，盡除眾生苦！』（只要虛空持續存在且有情持續存在，願我也持續到那個時候，以便消除一切有情的苦。）[15]思惟這類的情操，將會帶給你力量和激勵。假如你以這樣的方式訓練自己的心，雖然身體或許維持跟之前一樣，但是心將會改變並且轉化，其結果就是幸福安樂。這個結果能否帶給他人利益，有賴於許多因素與外在條件。但是，就我們自己的經驗而言，利益肯定就在那裡。

修習甚深

每天早晨起床後，在一天開始之前，設法以利益他人的方式來形塑你的想法。例如，心裡可以想：「願我的身、語、意，能以更有悲心的方式為我所用，以便服務他人。」這是我經常做的事情，這會讓生命更有意義。同樣地，在晚上上床睡覺前，審視自己的心，回顧自己度過白天的方式，並且檢視這樣作是否有價值。即使對於沒有宗教信仰的人來說，我相信這也是一個讓生命開展且更具意義的有價值方法。如此一來，當你到達生命終點時，就不會覺得自責與懊悔。你或許會因為現在要離開這個世間而感到悲哀，但與此同時，也會因為自己以有意義的方式過完一生，而有某種滿足感。

一個值得開發的特別有益的習慣是，審視自己的思考過程，觀察在心中有什麼發生，如此一來，不會完全深陷其中。例如，通常當我們開始生氣時，整個心或自己似乎也變成在生氣。但這只是一個表象而已，藉由某種經驗，你可以學會在開始生氣前先退一步。在負面情緒即將爆發時，這點極有助於你辨認它的破壞性。這個方法當然非常困難，但是透過訓練，你可以做到。然後，當你對於自己的瞋恚具有某種洞察力，在你注視瞋恚時，它的強度便會立即減弱。這個方法對貪著、悲哀、驕傲等等，也同樣有效。透過訓練和串習，養成一個日常的習慣，這是可能的。

這些也是把人類價值往外擴展，從個人擴展到家庭所有成員，並且從每個家庭成員擴展到朋友的方法。這是轉化家庭、社會，甚至國家，然後是人類的方法。假如每個人都修養自己的心，那麼，這些結果將會普及，而讓世界變得更美好。在我死後，經過四十或五十年後，或許一個更美好的世界會來臨，但是假如你要那個結果的話，你必須從今天、現在就開始往這個方向努力。

以上這些，就是我想要分享給你們的內容。

附錄

注釋

參考書目

【注釋】

(1)為原注，[1]為譯注

英譯者序

[1] gzhi yi gnas tshul bden gnyis don shes pas/ /bden bzhis 'khor ba 'jug ldog ji bzhin nges/ /tshad mas drangs pa'i skyabs gsum dad pa brtan/ /thar lam rtsa ba tshugs par byin gyis rlobs/ /。

前言

(1) 在《精神經驗之歌》(*Song of Spiritual Experience*, Boston: Shambhala Publication, 2000）頁 112 中的「辨認我的母親」(Recognizing My Mother)。

〈吉祥那爛陀寺十七位大班智達祈願文〉

(1) 這部祈願文的翻譯，是特別為本書而作的。這部祈願文的稍早譯文，是由拉多．洛桑．喬丹（Lhakdor Lobsang Jordan）格西所完成，由傑若米．羅素（Jeremy Russell）編輯，而由印度鹿野苑（Sarnath）的中央高等西藏研究學院（Central Institute of Higher Tibetan Studies）以「*Illuminating the Threefold faith: An Invocation of the Seventeen Scholarly Adepts of Glorious Nalanda*」（〈吉祥那爛陀寺十七位大班智達祈願文：顯揚三信之日〉）這個題名，於2006年出版。這是一部多國語言版的祈願文，除了藏文原文和英譯之外，還包括這部典籍的梵文和北印度文翻譯。

[2] 中觀自續派認為，在認知當中，對境呈現為自性成立或由自己方面成立，絲毫沒有錯亂的成分，而且主張這樣的認知為「量」（有效認知）；不僅如此，對境本身就如同在認知當中所呈現的一般，是自性成立或由自己方面成立，這種情況對於任何正常人而言都是一樣的，此即「共同顯現」的意思。根據蔣央．協巴的藏本《大宗義》〈第十一品．中觀自續派〉，台北：財團法人佛陀教育基金會，2000，頁484，行3。

[3] 「能所無二」或「能所二空」意指身為「能」（主體）的認知與身為「所」（客體）的對境兩者，並非二種性質或不同性質（無二或二空），換句話說，對境和認知兩者是同一個性質。因為這點和唯識宗主張的「心外無境」之義相通，所以此派又稱為「瑜伽行中觀自續派」。而寂護是此派的創始者。

[4] 即「瑜伽行中觀自續派」。

(5) 大開轍師（the great trailblazers）字義是「大馬車」（藏shing rta chen po）。這是指中觀學派的創立者龍樹和唯識學派的創立者無著。

(6) 「六莊嚴」是指聖提婆（Aryadeva，聖天）、世親（Vasubandhu）、龍樹（Nagarjuna）、無著（Asanga）、陳那（Dignaga，或稱「方象」、「龍域」）和法稱（Dharmakirti）。而「二勝」則是指功德光（Gunaprabha，簡稱「德光」）和釋迦光（Shakyaprabha）。

《中觀根本論》第26品〈觀察十二有支品〉

[1] 「無明」即十二緣起支的第一支「無明」。

[2] 「行」即十二緣起支的第二支「行」，也就是業，包含身業、語業與意業三種。

[3] 即六趣或六道：天趣、阿修羅（非天）趣、人趣、畜生趣、餓鬼趣與地獄趣。

[4] 「識」即十二緣起支的第三支「識」。

[5] 無明（ma rig pa）、行（'du byed）與識（rnam par shes pa/ rnam shes）這三支為「能引因」（'phen byed kyi rgyu），亦即「能引後有（三有或輪迴）之因」（yang srid 'phen byed kyi rgyu gsum）。

[6] 「名」即後四蘊：受蘊、想蘊、行蘊與識蘊。

[7] 「色」即「色蘊」。

[8] 「名色二者」即十二緣起支的第四支「名色」。

[9] 「六內處」即十二緣起支的第五支「六入」，也就是六根：眼根（視覺器官）、耳根（聽覺器官）、鼻根（嗅覺器官）、舌根（味覺器官）、身根（觸覺器官）與意根（剛滅的六識的任何一個）。

[10] 「觸」即十二緣起支的第六支「觸」。

[11] 即眼根（視覺器官），作為產生眼識的「不共增上緣」（thun mong ma yin pa'i

bdag rkyen）。

[12] 即色處（形色或顯色），作為產生眼識的「所緣緣」（dmigs rkyen）。

[13] 即剛滅的六識的任何一個，作為產生眼識的「等無間緣」（de ma thag rkyen）。

[14] 即前述的「能憶」（dran byed），因為它是六識的其中一個，因此屬於「名色」當中「名」（ming，即後四蘊）的部分。

[15] 即前述的「眼與色」（mig dang gzugs），也就是「眼根與色處」，因為這兩均是色蘊，因此屬於「名色」當中「色」（gzugs，即色蘊）的部分。

[16] 亦即識（rnam shes）的產生，需要「不共增上緣」（thun mong ma yin pa'i bdag rkyen，例如六根之一的眼根）、「所緣緣」（dmigs rkyen，例如六境之一的色處）和「等無間緣」（de ma thag rkyen，例如剛滅的六識的任何一個）這三個條件。

[17] 亦即觸（reg pa）的產生，需要「根」（dbang po，例如六根之一的眼根）、「境」（yul，例如六境之一的色處）和「識」（rnam par shes pa，例如六識之一的眼識）這三個條件。

[18]「感受」即十二緣起支的第七支「受」。

[19] 名色（ming gzugs）、六入（skye mched drug）、觸（reg pa）與受（tshor ba）這四支為「所引果」（' phangs pa' i ' bras bu）。

[20]「貪愛」即十二緣起支的第八支「愛」。

[21]「近能取」即十二緣起支的第九支「取」。也就是：欲取（'dod pa nye bar len pa）、我語取（bdag tu smra ba nye bar len pa）、見取（lta ba nye bar len pa）與戒禁取（tshul khrims dang brtul zhugs nye bar len pa）。參《大正藏》第2冊, no. 99, 頁85b, 127a及《大正藏》第29冊, no. 1558, 頁107c。

[22]「三有支」即十二緣起支的第十支「有」。

[23]「愛」（sred pa）、「取」（nye bar len pa）與「有」（srid pa）這三支為「能成因」（'grub byed kyi rgyu），亦即「能成立後有（三有或輪迴）之因」（yang srid 'grub byed kyi rgyu gsum）。

[24]「生」即十二緣起支的第十一支。

[25]「老死」即十二緣起支的第十二支。而「生」(skye ba）與「老死」(rga shi）這兩支為「所成果」(grub pa'i 'bras bu）。

[26]「意不樂」即「憂」。

[27]「生」即十二緣起支的第十一支「生」。

[28] 即能引業（'phen byed kyi las，引業）。

[29]「造者」即「造能引業者」。

[30] 即「空性」（stong pa nyid）。

[31] 即「空性」（stong pa nyid）。

《中觀根本論》第18品〈觀察我與法品〉

[1]「諸蘊」即「五蘊」(色蘊、受蘊、想蘊、行蘊和識蘊）或「身心的聚合體」。

[2] 這兩句的意思是：「蘊」與「我」兩者若是「自性成立的一」（完全相同），那麼，「我」將成為具有「自性生」（只生不滅）與「自性滅」（只滅不生）者。

[3] 這兩句的意思是：「蘊」與「我」兩者若是「自性成立的異」（毫無關係），那麼，「我」將不具有表示「蘊」為有為法（即無常法）的特性。

[4]「我所」即「屬於『我』的特性」。

[5] 這兩句的意思是：如果「我」無自性的話，「我所」怎麼會有自性？就像若無車（比喻「我」），怎麼會有車的零件（比喻「我所」）？

[6]「息滅」即「駁斥」或「否定」。

[7] 這句的意思是：由於息滅自性成立的「我」和「我所」。

[8] 這兩句的意思是：凡是不執「我」和「我所」為自性成立者，他也不會執「我」和「我所」以外的其他法為自性成立。

[9] 這兩句的意思是：因為他觀察到「我執」所執的「我」和「我所執」所執的「我所」兩者為無自性，因此他不會觀察到自性。

[10]「我與我所想」即「『我』想與『我所』想」，也就是指「薩迦耶見」或「壞聚見」，是屬於「補特伽羅我執」或「人我執」。

[11]「諸近取」即「四近取」：欲取、見取、戒禁取和我語取，也就是指十二緣起支當中的第八支「取」。

[12]「彼」即十二緣起支當中的第八支「取」。

[13]「生」即十二緣起支當中的第十一支「生」。

[14]「惑」即「煩惱」。

[15]「妄分別」即「非理作意」。

[16]「彼」即「妄分別」。

[17]「戲論」即「俱生無明」。

[18] 諸佛為了讓誹謗業果的所化機（所教化的對象）不再造作不善業，所以安立「我」。

[19] 諸佛為了讓已經信解業果的所化機能證得解脫，所以宣說「無我」或「無自主之我」，亦即「沒有不依賴五蘊、自己能獨立之我」。

[20]「我與無我全然無」即「我和無我兩者皆無自性」。

[21]「行境」(spyod yul) 即「對境」(yul)。

[22] 勝義中遮遣所詮（離言絕說），是因為勝義中遮遣心的對境之故；而勝義中遮遣心的對境，則是因為勝義中不生與不滅的法性，等同涅槃之故。

[23] 最初，一切情、器世間皆為真實。

[24] 其次，一切情、器世間皆非真實而有變異。

[25] 其次，觀待於凡夫而言，是真實；觀待於聖者而言，則非真實。

[26] 其次，非真實而有變異既是無自性，真實且不變異也是無自性。

[27] 以上這四種情況，均是佛陀為適應所教化的對象而隨順開示的教法。

[28]「非由他知」即「無法從他人的言語中，現觀（現證）勝義諦」（如人飲水，冷暖自知）。

[29]「寂靜」即「自性寂靜」，也就是「沒有自性的顯現」。

[30]「非諸戲論所敷衍」即「無法透過言語的表達去描述」（說似一物即不中）。

[31]「無分別」即「在現觀勝義諦之時，沒有分別心的活動」。

[32]「非異義」即「法性一味」，也就是「除了勝義諦之外，沒有其他不同的對境」。

[33]「彼性」即「勝義諦」或「空性」。

[34]「此」即「因」。

[35]「彼」即「果」。

[36]「此」即「因」。

[37]「彼」即「果」。

[38]「此既非彼性」是指「因和果不是自性一」，也就是「因和果兩者不是完全等同（同一）」。

[39]「彼」即「果」。

[40]「亦非異於彼性」是指「因和果也不是自性異」，也就是「因和果兩者並非毫

無關係」。

[41]「非斷」是因為「因和果不是自性異」，也就是「因和果兩者不是毫無關係」；「非常」是因為「因和果不是自性一」，也就是「因和果兩者不是完全等同」。

[42] 此處的「甘露」（bdud rtsi）是指「不是自性一」、「不是自性異」、「遠離斷邊」與「遠離常邊」這些教法，因為透過修習它們，將可以從生死輪迴中證得解脫。

[43]「辟支佛聖智」（rang sangs rgyas kyi ye shes）即「獨覺智」。

[44]「無依」（brten pa med）即「不依賴老師的情況下」。

[45] 這首偈頌所要說明的內容是：修習勝義諦或空性者，即使在此世沒有證得涅槃，而在來世，即使諸佛沒有出世且諸聲聞已滅盡，仍能在不依賴老師的情況下，獨自產生獨覺智。

《中觀根本論》第24品〈觀察聖諦品〉

[1] 「外人」即「說實事師」（即主張一切法為實有或自性成立者，包含毘婆沙宗、經部宗與唯識宗三者）。

[2] 「此等一切」（'di dag kun）即「一切存在的現象」或「一切法」。

[3] 「聖者四種真諦理」（'phags pa'i bden pa bzhi po rnams）即「四聖諦」。

[4] 「汝」（khyod）即「中觀師」。

[5] 「完全了知」（yongs su shes）即「完全了知苦諦」，也就是「瞭解『苦苦、壞苦與周遍行苦』」。

[6] 「應斷」（spang ba）即「應當斷除集諦」或「應當斷除苦因」，主要是指「斷除煩惱」，特別是指「斷除煩惱的根源——俱生無明」。

[7] 「應修」（bsgom）即「應當修習道諦」，也就是「修習真正能斷除煩惱種子的出世間道」，具體來說，是指「見道無間道」、「見道解脫道」、「修道無間道」與「修道解脫道」。

[8] 「應現證」（mngon du bya ba）即「應當現證滅諦」，也就是「證得煩惱的滅」，具體來說，是指伴隨「見道解脫道」與「修道解脫道」所生的「滅諦」。

[9] 「彼等」（de dag）即「四聖諦」。

[10]「四種結果」（'bras bu bzhi）即初果（預流果）、第二果（須陀洹果）、第三果（斯

陀含果）與第四果（阿羅漢果）。

[11]「果」（'bras bu）即前述的「四種結果」。

[12]「住果者」（'bras gnas）即「住於初果的行者」（僅斷除見所斷煩惱，但尚未斷除任何修所斷煩惱的聖者）、「住於第二果的行者」（不僅斷除見所斷煩惱，而且已斷除欲界前六品修所斷煩惱的聖者）、「住於第三果的行者」（不僅斷除見所斷煩惱，而且已斷除欲界所有九品修所斷煩惱的聖者）及「住於第四果的行者」（不僅斷除見所斷煩惱，而且已斷除三界一切修所斷煩惱的聖者）。參《大正藏》第 29 冊, no. 1558, 頁 123a, 124a, 124b, 126c。

[13]「諸向果者」（['bras bu la] zhugs pa dag）即「朝向於初果的行者」、「朝向於第二果的行者」、「朝向於第三果的行者」與「朝向於第四果的行者」。

[14]「四雙八輩者」（skyes bu gang zag brgyad）或「八聖補特伽羅」，即前述的「朝向於初果的行者」與「住於初果的行者」（此兩者為第一雙）、「朝向於第二果的行者」與「住於第二果的行者」（此兩者為第二雙）、「朝向於第三果的行者」與「住於第三果的行者」（此兩者為第三雙）、「朝向於第四果的行者」與「住於第四果的行者」（此兩者為第四雙）。參《大正藏》第 29 冊, no. 1558, 頁 127a。

[15]「彼等」（de dag）即前述的「四雙八輩者」。

[16]「僧伽」（dge 'dun）即「僧寶」或「聖僧伽」。

[17]「正法」（dam pa'i chos）即「法寶」。

[18]「法」（chos）即「法寶」。

[19]「僧」（dge 'dun）即「僧寶」。

[20]「佛陀」（sangs rgyas）即「佛寶」。

[21]「三寶」（dkon mchog gsum）即「佛寶」、「法寶」與「僧寶」。

[22]「法與非法有其果」（'bras bu yod pa）即「法」（善業）與「非法」（不善業）的依序有「樂果」與「苦果」作為其果報。

[23]「非法」（chos ma yin pa）即「不善業」或「惡業」。

[24]「是法」（chos yin pa）即「善業」。

[25]「世間人之名言」（'jig rten pa'i tha snyad）即「做！」、「煮！」、「吃！」、「坐！」、「去！」、「來！」等等。

[26] 論主即「龍樹」。

[27]「汝」(khyod) 即「外人」或「說實事師」(即主張一切法為實有或自性成立者，包含毘婆沙宗、經部宗與唯識宗三者)。(譯按：以下偈頌中所稱之「汝」皆指「外人」或「說實事師」)

[28]「空性目的」(stong nyid dgos) 或「空性的目的」，即《中論》(XVIII.5) 的意思，亦即修習空性是為了斷除一切戲論 (俱生無明或俱生我執) 這個目的。參財團法人佛陀教育基金會刊印的藏本《明句論》(2000: 413.15, 292.2)。

[29]「空性」(stong nyid) 或「空性的定義」，即《中論》(XVIII.9) 的意思。亦即：(一) 自知不隨他 (gzhan las shes min)，意思是無法透過他人的說明而瞭解，必須自己親身瞭解；(二) 寂靜 (zhi ba)，意思是猶如無眼翳者不見髮絲一般，已離自性；(三) 無法透過戲論說明 (spros pa rnams kyis ma spros pa)，意思是無法用言語表達；(四) 無分別 (rnam rtog med)，意思是沒有分別心的活動；(五) 非別義 (don tha dad min)，意思是沒有個別的對境，亦即在空性中對境皆成一味。參財團法人佛陀教育基金會刊印的藏本《明句論》(2000: 414.3, 306.20)。

[30]「空性之義」(stong nyid don) 或「空性的詞源」，即《中論》(XXIV.18) 的意思，也就是「緣起義」。參財團法人佛陀教育基金會刊印的藏本《明句論》(2000: 414.7, 425.1)。

[31]「世間世俗諦」('jig rten kun rdzob bden pa) 即「世俗諦」，或簡稱「俗諦」。

[32]「殊勝義真諦」(dam pa'i don gyi bden pa) 即「勝義諦」，或簡稱「真諦」。

[33]「名言」(tha snyad) 即「世俗諦」。

[34]「殊勝義」(dam pa'i don) 即「勝義諦」。

[35]「錯誤觀空性」即將「空性」錯認為「什麼都沒有」，或將「空性」錯認為「實有」。參財團法人佛陀教育基金會刊印的藏本《明句論》(2000：418)。

[36]「理應形成過失者」(skyon du thal bar 'gyur ba ni) 即第 1 偈至第 6 偈當中，說實事師對於中觀宗所說的沒有生滅等等過失。

[37] 這兩句的意思是：沒有生、滅等等的過失，它們並不會發生在空性當中。

[38]「吾」(nga) 即「中觀師」。

[39] 這兩句的意思是：你們說實事師的所有過失，並不會發生在中觀師身上。

[40]「凡是容許空性者」(gang la stong pa nyid rung ba) 即「中觀師」。

[41]「凡是不容空性者」(gang la stong nyid mi rung ba) 即「外人」或「說實事師」(即

主張一切法為實有或自性成立者，包含毘婆沙宗、經部宗與唯識宗三者）。

[42]「吾」（nga）即「中觀師」。

[43] 此處的「馬」（rta）比喻「過失」。亦即說實事師自己有過失，自己卻不曉得，就好像是一個騎在馬上，卻忘了他的馬在哪裡的人一樣。

[44]「作者」（byed pa po）即「主詞」或「造業者」。

[45]「作用」（byed）即「及物動詞」或「動作」。

[46]「所作」（bya）即「受詞」或「業」。

[47]「依因緣而起」（rten cing 'brel bar 'byung ba）即「緣起」（rten 'brel/ rten 'byung），也就是「滅聖諦」。

[48]「彼」（de）即「緣起」（rten 'brel/ rten 'byung）。

[49]「依而安立者」（brten nas gdags pa），亦即「依賴命名的基礎（例如五蘊）而命名者（例如補特伽羅）」。

[50]「彼性」（de nyid）即「緣起」（rten 'brel/ rten 'byung）。

[51]「中觀道」（dbu ma'i lam），亦即不落「實有邊」（即有邊、常邊、增益邊）與「斷滅邊」（即無邊、斷邊、損減邊）的中道。

[52]「不空」（mi stong）即「不是自性空」。

[53]「聖者四種真諦理」（'phags pa'i bden pa bzhi po rnams）即「四聖諦」。

[54]「痛苦」（sdug bsngal）即「苦聖諦」。

[55]「苦」（sdug bsngal）即「苦聖諦」。

[56]「彼」（de）即「苦聖諦」。

[57]「何者」（ci zhig）即「苦聖諦」。

[58]「損壞空性者」（stong nyid gnod byed）即「外人」或「說實事師」（即主張一切法為實有或自性成立者，包含毘婆沙宗、經部宗與唯識宗三者）。

[59]「遍生苦諦者」（kun 'byung）即「集聖諦」。

[60]「苦寂滅」（'gog pa）即「苦諦的寂滅」，也就是「滅聖諦」。

[61]「寂滅」（'gog）即「苦諦的寂滅」，也就是「滅聖諦」。

[62]「道」（lam）即「滅苦諦之道」，也就是「道聖諦」。

[63]「修習」（bsgom pa）即「道諦的修習」。

[64]「道」（lam）即「滅苦諦之道」，也就是「道聖諦」。

[65]「苦」（sdug bsngal）即「苦聖諦」。

[66]「集」（kun 'byung）即「集聖諦」。

[67]「苦集之寂滅」（'gog pa）即「苦諦的寂滅」，也就是「滅聖諦」。

[68]「道」（lam）即「滅苦諦之道」，也就是「道聖諦」。

[69]「苦之寂滅」（'gog pa）即「苦諦的寂滅」，也就是「滅聖諦」。

[70]「彼」（de）即「苦聖諦」。

[71]「遍知」（yongs shes）即「遍知苦諦」。

[72]「僧伽」（dge 'dun）即「僧寶」或「聖僧伽」，也就是心續中具有「道諦」（包含見道無間道、見道解脫道、修道無間道和修道解脫道四者）和「滅諦」的聖者。

[73]「聖者諸諦」（'phags pa'i bden rnams）即「四聖諦」。

[74]「殊勝正法」（dam pa'i chos）即「法寶」，也就是「道諦」和「滅諦」兩者。

[75]「佛陀」（sangs rgyas）即「佛寶」（亦即已斷盡煩惱和所知二障的聖者）。

[76]「菩提」（byang chub）即「無上菩提」或「阿耨多羅三藐三菩提」，也就是「佛果位」。

[77] 這首偈頌要說明的是：對於說實事師而言，因為「菩提」是自性成立，而且「佛陀」也是自性成立，因此「菩提」與「佛陀」兩者彼此互不依賴。

[78]「於不空中」（mi stong pa la）即「於自性不空當中」或「在沒有空性的狀態中」。

[79]「法」（chos）即「善業」。

[80]「非法」（chos min）即「不善業」或「惡業」。

[81]「由法非法因」（chos dang chos min rgyus）即「以法和非法為因」。

[82]「所作」（bya ba）即「受詞」或「業」。

[83]「造」（rtsom pa）即「作用」或「及物動詞」。

[84]「無作」（mi byed pa）即「無作用者」。

[85]「諸分位」（gnas skabs sna tshogs）即「各式各樣的狀態」。

[86]「令苦達邊際」（sdug bsngal mthar byed）或「作苦邊際」，即「斷除苦諦」。

[87]「業惑」（las dang ni nyon mongs）即「業和煩惱」。

第一部 探索龍樹的《中觀根本論》

第一章 趨向甚深

[1] gzu bo'i blos the tshom gyi sgo nas zhib mor brtags shing dpyad de rgyu mtshan 'tshol ba dang/ rgyu mtshan mthong nas shes rab kyi grogs dang bcas pa'i dad pa skye ba.

[2] 佛教邏輯即「佛教因明」。

[3] 例如無常的性質。

[4] 例如與聲音同屬有為法的瓶。

[5] 例如與聲音異類、屬於無為法的虛空。

[6] 這裡要說明的是：例如在與聲音異類或不同類的事物（例如虛空）中沒看到這個事實（例如無常），並不等於這個事實（無常）不存在。

[7] gzhi yi gnas tshul bden gnyis don shes pas/ /bden bzhis 'khor ba 'jug ldog ji bzhin nges/ /tshad mas drangs pa'i skyabs gsum dad pa brtan/ /thar lam rtsa ba tshugs par byin gyis rlobs/ /。

(8) 有關達賴喇嘛對於四聖諦的更廣泛的解釋，可以看他的《四聖諦》（*Four Noble Truths*, London: Thorsons, 1997）。這部短著整體以《佛道的心要》（*The Heart of the Buddha's Path*, London: Thorsons, 1999）為名再版。

(9) 就我瞭解，在西藏的藏經當中找不到有關這首偈頌的經典出處；然而，這段內容據說存在於巴利經典中。

(10)《中論》，24: 8ab。

(11)《現觀莊嚴論》（*Ornament of Clear Realizations*；梵 *Abhisamayalamkara*），1: 21ab。譯按：参法尊等譯述，《現觀莊嚴論中八品七十義略解．現觀莊嚴論略釋．大乘修心七意論釋》（臺北：新文豐，民 76），頁 22。即「八品七十義」當中「第一品、一切相智」的十義當中「第二義、教授」的內容，亦即十種教授：（一）修行；（二）諸諦；（三）佛陀等三寶；（四）不耽著精進；（五）不疲厭精進；（六）周遍攝持道精進；（七）五眼；（八）六通；（九）見道；（十）修道。

第二章　十二緣起支

(1) 有關達賴喇嘛對於十二緣起支的廣泛教法，可詳見他的《生命的意義：佛教的因果觀》（*Meaning of Life: Buddhist Perspectives on Cause and Effect*, Boston: Wisdom Publications, 1993）。

(2) 《緣起心要論》（梵 *Pratityasamutpadahridayakarika*），第 2 偈。（譯按：藏文原偈頌為：dang po brgyad dang dgu nyon mongs/ /gnyis dang bcu pa las yin te/ /lhag ma bdun yang sdug bsngal yin/ /bcu gnyis chos ni gsum du 'dus/ /。）

[3] 即「十二緣起支」的第二支「行」。

(4) 這裡提供的龍樹典籍的翻譯，是基於傑．加菲爾德（Jay Garfield）在他的《根本中觀慧論》（*The Fundamental Wisdom of the Middle Way*）的翻譯而作大幅度的修改。所加入的這些修改，一方面反映了我自己對這部典籍的理解，另一方面則是為了配合尊者對於龍樹根本典籍特定偈頌的注釋。（譯按：此偈頌於《中論》第 26 章：「衆生癡所覆，為後起三行，以起是行故，隨行墮六趣。」〔《大正藏》卷 30，頁 36b〕）

[5] 參《菩提道次第廣論》，宗喀巴大師著，法尊法師譯，台北：福智，2002。頁175。

[6] 同上，頁181。

[7] 同上，頁181。

[8] 「補特伽羅」指稱的範圍很廣，不僅包含人類，甚至從佛至地獄有情，都包含在補特伽羅的範圍內。換句話說，一切有心者都是補特伽羅。

[9] 執補特伽羅和一切現象為自己存在的粗分層次的無明，是指執著「補特伽羅和其他一切現象不需依賴其建構的基礎，自己本身就能成立起來」的這種無明。這是毘婆沙宗、經部宗、唯識宗、中觀自續派和中觀應成派皆共許的根本無明。

[10] 執一切事物為真實存在（即實有）的無明，是指執著「補特伽羅和其他一切現象不只是名稱而已，還可以從其建構基礎中找到名稱所指涉對象」的這種無明。這才是中觀應成派所主張的、不共的根本無明。

[11] 參《菩提道次第廣論》，宗喀巴大師著，法尊法師譯，台北：福智，2002。頁173。即「意業」。

[12] 同上。即「身業」和「語業」。

[13] 認知（conciousness）包含「心」（即指「意」或「識」）和「心所」，是最廣義的精神體。

[14]《中論》第 26 品：「以諸行因緣，識受六道身。」（《大正藏》卷 30，頁 36b）

(15) 尊者在這裡委婉地提到認識對象（或譯為「所知」）的標準分類，亦即分為明顯的事實（evident facts）、隱密的事實（hidden facts，可基於觀察到的事實推論得知）和極隱密的事實（extremely hidden facts）這三個範疇。後者尤其包括了關於「業」運作的精密細節這個事實。

[16] 參《解深密經》，《大正藏》卷16，頁709b。

(17) 鞏湯．蔣悲央（Gungthang Jampaiyang）或以「貢秋．登悲．準昧」（Könchok Tenpai Drönmé, 1762-1823）著稱，他是一位多產的作者以及令人尊敬的老師。鞏湯仁波切於1792年成為札希奇寺（Tashikhyil Monastery）的住持，這座寺院是格魯派在東北西藏的主要機構，由蔣央協巴（Jamyang Shepa）於1709年所創建。「札希奇」經常被稱為「拉卜楞」（Labrang，意指大活佛的居室）。

(18)《大乘經莊嚴論》（梵 *Mahayanasutralamkara*），21: 8。

[19] 即「內六入」、「內六處」或「六根」——眼根、耳根、鼻根、舌根、身根和意根。

[20] 作為產生這一剎那認知的「等無間緣」。

[21] 作為產生這一剎那認知的「不共增上緣」。

[22] 作為產生這一剎那認知的「所緣緣」。

[23] 作為產生這一剎那認知的「所緣緣」。

[24] 作為產生這一剎那認知的「不共增上緣」。

[25] 作為產生這一剎那認知的「等無間緣」。

[26] 即五欲或五種對境：色、聲、香、味和所觸境。

(27) 這是指《宣說初緣起與分別經》（梵*Pratityasamutpadadivibhanganirdesha-sutra*, Tohoku canon 211, sutras, vol. tsa, p.223, line 6）。

[28] 即名色、六入、觸和受這四支。

[29] 參《菩提道次第廣論》，宗喀巴大師著，法尊法師譯，台北：福智，2002。頁183。

(30) 即《中觀四百論》第14品第25偈。srid pa'i sa bon rnam shes te/ /yul rnams de yi

spyod yul lo/ /yul la bdag med mthong na ni/ /srid pa'i sa bon 'gag par 'gyur/ /。

[31] 亦即他們知道這些對境並不像它們呈現為實有一般，而以實有的方式存在。換句話說，這些對境雖呈現為實有，但實際上卻是無實有。

[32] 參《菩提道次第廣論》，宗喀巴大師著，法尊法師譯，台北：福智，2002。頁183。根據《大乘阿毘達磨集論》的說法，「愛」、「取」、「有」三支即能生支或能生因。

[33] 參同上。根據《大乘阿毘達磨集論》的說法，所引支或所引果即「名色」、「六入」、「觸」、「受」這四支。

[34] 這段內容要說明的是，雖然十二緣起支單一循環的開始和結束，一般而言是在單一循環的「老」（開始）和「死」（結束）之內，以及在單一循環的「觸」（開始）和「受」（結束）之間，但是事實上，在「老」之前的「生」的階段，以及「觸」之前的「名色」與「六入」的階段，就已經開始了。

(35)《聖道三要》第 7c-d 偈。見本書第二部．第一章，尊者對於這部典籍的注釋。

(36) 即《中論》第24品第18a-b偈。/rten cing 'brel bar 'byung ba gang/ /de ni stong pa nyid du bshad/。

(37) 即《中觀四百論》第8品第5c-d偈。/the tshom za ba tsam zhig gis/ /srid pa hrul por byas par 'gyur/。

(38) 參「道次第廣論翻譯委員會」（Lamrim Chenmo Translation Committee）所譯的《菩提道次第廣論》（*The Great Treatise on the Stages of the Path to Enlightenment*, Ithaca NY: Snow Lion, 2000）第1冊，頁306。「福田力」（field's power）在此是指神聖的對象，例如覺悟者和他們遺留下來的聖物，他們具備強而有力的解脫能量，可以讓對他們在進行信仰活動的人們心中種下解脫的種子，即使這樣的活動中並沒有空性見。（譯按：參《菩提道次第廣論》，宗喀巴大師著，法尊法師譯，台北：福智，2002，頁175。即「唯除少數依福田力，悉是庸常集攝，轉生死輪。」）

[39] 參《菩提道次第廣論》，宗喀巴大師著，法尊法師譯，台北：福智，2002。頁185。「能引、所引支之中間，容有無量劫所間隔，或於二世即能生起，無餘世隔。其能生支與所生支二無間隔，速者二生即能圓滿。」

[40] 參同上。「遲久亦定不過三生，謂其能生及所生並三能引，各須一生，諸所引支於所生支攝。」

(41) 第一種類型的業（順現法受業）非常不同於構成十二緣起支的第二支的地方，在於這個業就定義來說，絕不會推動來世受生。

[42] 參《菩提道次第廣論》，宗喀巴大師著，法尊法師譯，台北：福智，2002。頁139。這是根據聖無著的《瑜伽師地論．本地分》的講法。

第三章　「我」和「無我」的分析

[1] 即執著有不依賴五蘊而自己能獨自成立起來的補特伽羅。

[2] 「身心成分」即指五蘊。

[3] 即「法我執」。

[4] 即「補特伽羅我執」。

(5) 《寶鬘論》(*Precious Garland*；梵 *Ratnavali*)，1: 35。

[6] 即執著補特伽羅或「我」不只是名稱（假名）而已，而可以在五蘊當中找到它所指涉的對象。這是中觀應成派所主張的補特伽羅我執。

(7) 這些經常會以「補特伽羅無我」(selflessness of persons) 和「法無我」(selflessness of phenomena) 等術語來稱呼。

[8] 即「離蘊之我」或「離蘊之補特伽羅」。

[9] 即俱生的補特伽羅我執。

[10] 即遍計的補特伽羅我執。

[11] 即非佛教宗義所主張的「離蘊之我」或「離蘊的補特伽羅」。

(12) 《寶鬘論》，1: 80-81b。

(13) 即月稱《明句論》(*Prasannapada*) 關於《中論》第22品．第1偈的注釋。

(14) 《中觀四百論》(*Chatuhshatakashastrakarika*)，14: 25。這首偈頌在前一章已經引用過。

[15] 即引業或能引業，也就是能引發投生於輪迴之業。

(16) 《釋量論》(*Pramanavarttika*)，2: 193。(譯按：此處應該是世親《緣起經釋》所說的「見諦無能引」(bden pa mthong la 'phen pa med) 而非法稱的《釋量論》。參《菩提道次第廣論》，宗喀巴大師著，法尊法師譯，台北：福智，2002。頁174。)

[17] 即見道所要斷的對境或見所斷煩惱，也就是遍計煩惱。

[18] 依據《俱舍論》第6品的說法，「滅諦」總共有89個，其中前8個是見道所證得的，後面的81個則是修道所證得的。而第89個滅諦，也就是「涅槃」。

(19) 在所破境（the object of negation）的兩重分類，亦即「道所破」（the object of negation of the path）和「理所破」（the object of negation of reasoning）中，以「實有執」的形式存在的戲論，多半是指「道所破」。這樣的戲論是一種心的狀態，這就是為什麼這裡要說是〔同屬於心的狀態之〕對於空性的「證悟」而非空性本身，導致〔戲論的〕寂滅。

(20) 龍樹的六部分析〔空性〕的著作（*six analytic works*，或稱為「六理聚論」），是指《中觀根本論》、《六十正理論》（*Sixty Stanzas of Reasoning*；梵 *Yuktishashtika*）、《七十空性論》（*Seventy Stanzas on Emptiness*；梵 *Shunyatasaptati*）、《細密織線論》（*Finely Woven Thread*；梵 *Vaidalyasutra*。或譯為《細破論》）、《迴諍論》（*Refutation of Objections*；梵 *Vigrahavyavartani*）、《寶鬘論》。其中的最後一部典籍，達賴尊者並沒有從昆努（Khunu）仁波切處接受到傳承。

[21]「工具格」：即梵文名詞的八個「格變化」或「變格」當中的第三個。意思是「藉由」、「透過」。

[22]「場所格」：即梵文名詞的八個「格變化」或「變格」當中的第七個。意思是「在」、「於」。

(23)《入中論》（梵 M*adhyamakavatara*），6: 21。「外道」（Tirthikas）在此是指非佛教的古典印度哲學學派的擁護者。

[24] 即大部分的毘婆沙宗（除了犢子等五部）與經部宗。

[25] 例如唯識學派主張「遍計所執性」不是真實存在（無我）。

[26] 例如唯識學派主張「依他起性」和「圓成實性」兩者真實存在（有我）。

(27) 例如《中論》，13: 7。「假如甚至有絲毫〔自性〕不空的話，那麼空性也會具有絲毫〔自性〕存在；而因為〔自性〕不空連絲毫也不存在，因此空性怎麼會是〔自性〕存在呢？」

(28)《中論》，13: 8。「諸勝者說過，空性是為了遠離一切〔惡劣的〕見解。因此那些視空性〔為實有〕者，他們（諸勝者）說這些人無可救藥。」

(29)《六十正理論》，51。這部著作的英文全譯本，可參 http://www.tibetanclassics.org/Jinpa_Translation.html。（譯按：第 51 偈為 gang yang rung ba'i gnas rnyed nas/ /nyon mongs sbrul gdug g.yo can gyis/ /zin par 'gyur te gang gi sems/ /gnas med de dag zin mi 'gyur/ /。)

(30)《中論》，1: 1。（譯按：即著名的「駁斥實有或自性存在的四生的主張」。而「四生」即：(一) 從自生；(二) 從他生；(三) 從〔自與他〕共生；(四) 從無因生。)

[31] 即《中論》的其餘二十六品。

[32] 主體智慧即「俱生心」。這裡要說明的是：「法界」一詞在顯教中主要是指 客體的「空性」而非主體的「證悟空性的智慧」；但是在密續當中則特指主體的「證悟空性的智慧」而非客體的「空性」。

[33] 即蔣央協巴的名著《大宗義》（藏*grub mtha' chen mo*）。

(34)《印度哲學根本偈》（*Root Verses on Indian Philosophies*，即蔣央協巴《宗義根本偈》），第13章．第1偈。「透過經典與密咒兩者，均可以遮遣煩惱障。雖然〔在經典當中〕有提出〔空性這個〕最殊勝的對境，但是最殊勝的主體（最細微之證悟空性的般若）依然隱密；雖然說明主要的染污，但是最殊勝的對治法依然隱密；最細微的所知障必須透過密咒才能斷除，而非經典。」（mdo sngags gnyis kas nyon sgrib kun zad nus/ /yul mchog bstan kyang yul can mchog sbas bzhin/ /dri gtso bstan kyang gnyen po mchog sbas phyir/ /shes sgrib chung phra sngags las mdos mi nus/ /）蔣央協巴這部著作的全文英譯，見http://www.tibetanclassics.org/Jinpa_Translation.html。

[35] 即障礙解脫的煩惱障。

[36] 即障礙成佛的所知障。

第四章　建立世俗諦

(1)「八類的人」（即「四雙八輩」）是指前一首偈頌中的四類結果成熟者（四類住果者）與四類進入〔朝向四種結果之〕道者（四類向果者）。「四果」是指「預流果」（the fruit of the stream-enterer）、「一來果」（the fruit of the once-returner）、「不來果」（the non-returner）和「阿羅漢果」（the arhat）。而四類進入道者，則是指那些踏上朝向即將成熟前述四類結果之道者。

[2] 參《菩提道次第廣論》，宗喀巴大師著，法尊法師譯，台北：福智，2002。

頁181。

[3] 即月稱《明句論》第27品注釋結束之後〈跋〉的內容。

(4) 應成派（Prasangika）是指有關龍樹的空性哲學的注釋者當中的細分派別，主要包括印度的大師佛護（Buddhapalita，約五世紀）、月稱（七世紀）和寂天（Shantideva，八世紀），後者是著名的《入菩薩行論》（梵 *Bodhicaryavatara*）的作者。有關達賴喇嘛對於寂天《入菩薩行論》提出空性教法的重要第9章的詳細解說，見《修習智慧》（*Practicing Wisdom*, Boston: Wisdom Publications, 2005）。

(5) 《東北目錄》156，經典，第 pha 函，第 230b 頁。

[6] 即無常法。

[7] 即常法。

[8] 即中觀自續派的祖師。他們主張一切法在世俗中是自性成立的。

[9] 「自我定義之特性」即「自性成立」。

[10] 即中觀應成派的祖師。他們主張一切法即使在世俗中也是無自性的。

(11) 《緣起讚》（*Praise to Dependent Origination*）第 19 偈。此讚的全文英譯可見於 http://www.tibetanclassics.org/Jinpa_Translation.html。（此偈頌的藏文為：brten nas 'byung ba'i rgyu mtshan gyis/ /mthar lta ba la mi brten zhes/ /legs gsungs 'di ni mgon khyod kyi/ /smra ba bla na med pa'i rgyu/ /。）

[12] 「這個深奧的佛法」即指空性。「轉身」意指佛陀不想教導這個法，這也就是佛陀在成佛後，經過七七四十九天之後才說法的原因。

[13] 即初果須陀洹（入流或預流）、第二果斯陀含（一來）、第三果阿那含（不來）和第四果阿羅漢（殺賊或應供）。

第二部 探索宗喀巴的《聖道三要》

第一章 修習甚深

[1] 此兩者即為利眾生願成佛的切願。

[2] 即《瑜伽師地論・攝抉擇分》,《大正藏》卷30,頁642b。

[3] 「遠離四種錯誤態度的轉心」即:暇滿難得、壽命無常、業因果報、皈依三寶、輪迴過患。

(4) 尊者自己有關於龍欽巴(Longchenpa)《心性休息論》(*Mind at Ease*)的注釋,可見於《心性安適與休息:大圓滿中的覺悟洞見》(*Mind in Comfort and Ease: The Vision of Enlightenment in the Great Perfection*, Boston: Wisdom Publications, 2007)。

[5] 「轉心四思惟」即:暇滿難得、壽命無常、業因果報、皈依三寶、輪迴過患。

(6) 《中觀四百論》,8: 15。

(7) *Lamrim Chenmo*(《廣論》)的英譯,是以 *The Great Treatise on the Stages of the Path to Enlightenment*(Ithaca, NY: Snow Lion Publications, 2000-2004)為名出版,共有三冊。《菩提道次第略論》即將由智慧出版社發行。而《道次第攝義》(或稱為《道次第證道歌》)可見於 http://www.tibetanclassics.org/Jinpa_Translation.html。關於尊者依據第三世達賴喇嘛的《煉金心要》(Essence of Refined Gold)而對《道次第攝義》所作的注釋,見達賴喇嘛尊者講,由葛連・牧林(Glenn Mullin)翻譯編輯的《覺悟之道》(*The Path to Enlightenment*, Ithaca, NY: Snow Lion, 1995)。

[8] 參《功德之本》的第1偈:「已成眾德之基具恩尊,如理依止是為道根本,善觀見已應以多勵力,以大恭敬依止祈加持!」

[9] 即本書第一部・第一章〈趨向甚深〉的內容。

(10) 《大乘經莊嚴論》,17: 10。彌勒(Maitreya,慈氏)所列的〔善知識〕十種特質是:(一)戒律(具有調伏或戒增上學);(二)平靜(具有靜或定增上學);(三)徹底平靜(具有近靜或慧增上學);(四)功德勝過學生(德增上);(五)精力過人(具精勤);(六)經教知識豐富(教富饒);(七)悲憫關懷(具有悲憫心);(八)徹底瞭解實相(善達實性);(九)善巧教導弟子(善巧說);(十)

遠離厭倦（離厭）。有關這十個功德個別的詳細解釋，見宗喀巴《菩提道次第廣論》，第 1 冊，頁 70-75。

[11] 四部密續即事部、行部、瑜伽部和無上瑜伽部密續。

(12) *The Great Treatise*（《廣論》），第1冊，頁71。

(13) 出處同上。

(14)《入中論》，6: 37。

(15)《入菩薩行論》，10: 55。

【參考書目】

為了便利希望能夠查閱原典的那些讀者，我們提供了這些古典佛教典籍的梵文和藏文的題名。「Toh」代表「東北」（Tohoku），而數字則是指宇井伯壽教授編輯的《西藏佛教大藏經總目錄》（*A Complete Catalogue of the Tibetan Buddhist Canons*）（日本：仙台，1934）當中，德格版「甘珠爾」（Kangyur，佛說的權威經典）和「丹珠爾」（Tengyur，注釋的論典）的目錄詞條。

聖提婆（Aryadeva），《中觀四百論》（*Four Hundred Stanzas on the Middle Way*；梵*Chatuhshatakashastrakarika*；藏*dbu ma bzhi brgya pa*，東北3846，丹珠爾，中觀部，tsha函）。這部典籍和賈曹．傑（Gyaltsap Je）注釋的英譯本，其題名為《諸菩薩的瑜伽行》（*Yogic Deeds of the Bodhisattvas,* Ithaca: Snow Lion, 1994）。

月稱（Chandrakirti），《入中論》（*Entering the Middle Way*；梵*Madhyamakavatara*；藏dbu ma la 'jug pa，東北3861，丹珠爾，中觀部〔dbu ma〕，ha函）。這部典籍的英譯，可見於杭亭頓（C.W. Huntington, Jr.）的《空性的空性》（*The Emptiness of Emptiness*, Honolulu: University of Hawaii, 1989），以及月稱和米龐（Mipham）的《導入中道》（*Introducing the Middle Way*, Boston: Shambhala, 2005）。

——，《明句論》（*Clear Word*；梵*Prasannapada*,；藏*dbu ma rtsa ba'i 'grel pa tshig gsal ba*，東北3860，丹珠爾，中觀部，dza函）。

章嘉．若貝．多傑（Chankya Rolpai Dorje, 1717-86），〈辨認我的母親〉（Recognizing My Mother）於圖登．錦巴（Thupten Jinpa）和傑斯．艾斯納（Jas Elsner）編輯的《精神經驗之歌》（*Songs of Spiritual Experience*, Boston: Shambhala Publications, 2000）。

法稱（Dharmakirti），《釋量論》（*Commentary on "Valid Cognition"*；梵*Pramanavarttika*；藏*tshad ma rnam 'grel*，東北4210，丹珠爾，因明部〔tshad ma〕，ce函）。

達賴喇嘛（His Holiness the Dalai Lama），《四聖諦》（*Four Noble Truths*）。圖登・錦巴（Thupten Jinpa）翻譯。London: Thorsons, 1997。

———，《生命的意義：佛教的因果觀》（*Meaning of Life: Buddhist Prespectives on Cause and Effect*）。傑弗瑞・霍普金斯（Jeffrey Hopkins）翻譯與編輯。Boston: Wisdom Publications, 1993。

———，《心性安適與自在：大圓滿的覺悟觀》（*Mind in Comfort and Ease: the Vision of Enlightenment in the Great Perfection*）。Boston: Wisdom Publications, 2007。

———，《觀修智慧》（*Practicing Wisdom*）。圖登・錦巴格西翻譯與編輯。Boston: Wisdom Publications, 2005。

———，《覺悟之道》（*The Path to Enlightenment*）。葛連・牧林（Glenn Mullin）翻譯。Ithaca, NY: Snow Lion Publications, 1995。

蔣央協巴（Jamyang Shepa），《印度哲學根本偈》（*Root Verses on Indian Philosophies*；藏*grub mtha' rtsa ba*）。這部典籍的英譯，可於http://www.tibetanclassics.org/ Jinpa_Translation.html取得。

彌勒（Maitreya, 或譯為「慈氏」），《現觀莊嚴論》（*Ornament of Clear Realization*；梵*Abhisamayalamkara*；藏*mngon rtogs rgyan*，東北3786，丹珠爾，般若部〔shes phyin〕，ka函）。

———，《大乘經莊嚴論》（*Ornament of Mahayana sutras*；梵*Mahayanasutralamkara*；藏*theg pa chen po mdo sde'i rgyan*，東北4020，丹珠爾，唯識部〔sems tsam〕，phi函）。這部典籍的英譯和世親（Vasubandhu）的注釋，見《大乘教法文獻》（*The Universal Vehicle Discourse Literature,* New York: American Institute of Buddhist Studies, 2004）。

龍樹（Nagarjuna），《中觀根本慧論》（*Fundamental Wisdom of the Middle Way*；梵*Mulamadhyamakakarika*）。這部典籍的簡明英譯可見於傑・加菲爾德（Jay Garfield）的《中觀根本慧論》（*Fundamental Wisdom of the Middle Way*, New York: Oxford University Press, 1995）。

———，《六十正理論》（*Sixty Stanzas of Reasoning*；梵*Yuktishashtika*；藏*theg* *pa chen po mdo sde'i rgyan*，東北4020，丹珠爾，唯識部，phi函）。這部典籍的英譯，見http://www.tibetanclassics.org/Jinpa_Translation.html。

———，《寶鬘論》（*The Precious Garland*；梵*Ratnavali*）。關於由約翰．東尼（John Dunne）和莎拉．麥克林托（Sara McClintock）英譯的這部典籍，見《寶鬘論》（*The Precious Garland, Boston: Wisdom Publications*, 1997）。

———，《緣起心要論》（*Exposition of the Essence of Dependent Origination*；梵*Pratityasamutpadahridayakarika*；藏*rten cing 'brel bar 'byung ba'i snying po'i rnam par bshad pa*，東北3837，丹珠爾，中觀部，tsa函）。

《第一緣起與〔其餘〕分類解說經》（*Presentation of the First and [the Other] Divisions of Dependent Origination Sutra*；梵 *Pratityasamutpadadivibhanganirdeshasutra*；藏*rten cing 'brel bar 'byung ba dang po dang rnam par dbye ba bstan pa*，東北211，甘珠爾，經部〔mod sde〕，tsa函）。

《無熱惱龍王請問經》（*Questions of the Naga King Anavatapta*；梵*Anavataptanagarajapariprccha*；藏*klu'i rgyal po ma dros pas zhus pa'i mdo*，東北156，甘珠爾，經部，pha函）。

寂天（Shantideva），《入菩薩行論》（*Guide to the Bodhisattva's Way of Life*；梵*Bodhicaryavatara*。東北3871，丹珠爾，中觀部，la函）。這部典籍存在許多英譯，包括：史蒂芬．巴契勒（Stephen Batchelor）的《入菩薩行論》（*Guide to the Bodhisattva's Way of Life*, Dharamsala: Library of Tibetan Works and Archives, 1979）；蓮師翻譯小組（the Padmakara Translation Group）的《菩薩行論》（*The Way of the Bodhisattva*, Boston: Shambhala Publications, 1997）；阿冷（Alan）與斐斯納．瓦利斯（Vesna Wallace）的《入菩薩行論》（*A Guide to the Bodhisattva's Way of Life*, Ithaca, NY: Snow Lion Publications, 1997）；以及凱特．柯洛斯比（Kate Crosby）與安德魯．史基爾頓（Andrew Skilton）的《入菩薩行論》（*The Bodhicaryavatara*, New York: Oxford University Press, 1995）。

宗喀巴（Tsongkhapa），《四聖諦》（*The Great Treatise on the Stages of the Path to Enlightenment*, Ithaca, NY: Snow Lion Publications, 2000-2004）。

——，《緣起讚》（*Praise to Dependent Origination*；藏*rten 'brel bstod pa*）。關於這部典籍的英譯，見http://www.tibetanclassics.org/Jinpa_Translation.html。

——，《道次第證道歌》（*Songs of Spiritual Experience*；藏*lam rim nyams mgur*）。這部典籍的英譯，見http://www.tibetanclassics.org/Jinpa_Translation.html。

觀自在系列BA1021

從懷疑中覺醒

——從《中觀根本論》談起

作者	第十四世達賴喇嘛
英譯	圖登・錦巴（Thupten Jinpa）
中譯	廖本聖
特約編輯	釋見澈、曾惠君
封面設計	黃聖文
內頁構成	曹秀蓉

發行人	蘇拾平
總編輯	于芝峰
副總編輯	田哲榮
業務	王綬晨、邱紹溢
行銷	陳詩婷
出版	橡實文化ACORN Publishing
發行	大雁出版基地
	台北市105松山區復興北路333號11樓之4
	電話：(02)2718-2001　傳真：(02)2718-1258
	E-mail信箱：acorn@andbooks.com.tw
	劃撥帳號：19983379；戶名：大雁文化事業股份有限公司
	讀者服務信箱：andbooks@andbooks.com.tw
	24小時傳真服務：(02)2718-1258

印刷	成陽印刷股份有限公司
初版一刷	2011年1月
初版五刷	2020年8月
ISBN	978-986-6362-24-8（平裝）
定價	320元

國家圖書館出版品預行編目資料

從懷疑中覺醒：從《中觀根本論》談起／ 第十四世達賴喇嘛著；圖登・錦巴英譯；廖本聖中譯 -- 臺北市：橡實文化出版：大雁文化發行, 2011.01

264面： 17×22公分.

譯自：The Middle Way: Faith Grounded in Reason

ISBN 978-986-6362-24-8（平裝）

1.佛教教理 2.中觀部

226.134　　99024490